# 在丽水恋上民宿

胡钰凤　钭伟华　主编

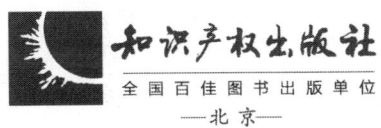
全国百佳图书出版单位
——北京——

图书在版编目（CIP）数据

在丽水恋上民宿/胡钰凤，钭伟华主编 .—北京：知识产权出版社，2019.12

ISBN 978-7-5130-6534-4

Ⅰ.①在… Ⅱ.①胡… ②钭… Ⅲ.①旅馆—介绍—丽水 Ⅳ.① F726.92

中国版本图书馆 CIP 数据核字（2019）第 227107 号

### 内容提要

丽水市地处浙江省西南边陲，大自然慷慨地赐予了她清纯秀丽的山山水水，有"秀山丽水、养生福地、长寿之乡"的美誉。当下，旅游业正在由观光型向休闲度假型转变，乡村游逐渐流行，丽水市旅游业也因此迎来了发展的春天。旅游专业的职业教育肩负着服务地方经济的使命，为了使学生更了解丽水的旅游特色，尤其是丽水的民宿，我们积极组织调研编写了本书，抛砖引玉，让更多人认识丽水的民宿，恋上丽水的民宿。

责任编辑：李 娟　　　　　　责任印制：孙婷婷

### 在丽水恋上民宿
ZAI LISHUI LIANSHANG MINSU

胡钰凤　钭伟华　主编

| | |
|---|---|
| 出版发行：知识产权出版社 有限责任公司 | 网　　址：http://www.ipph.cn |
| 电　　话：010-82004826 | 　　　　　http://www.laichushu.com |
| 社　　址：北京市海淀区气象路 50 号院 | 邮　　编：100081 |
| 责编电话：010-82000860 转 8689 | 责编邮箱：laichushu@cnipr.com |
| 发行电话：010-82000860 转 8101 | 发行传真：010-82000893 |
| 印　　刷：北京中献拓方科技发展有限公司 | 经　　销：各大网上书店、新华书店及相关专业书店 |
| 开　　本：787mm×1092mm 1/16 | 印　　张：11.25 |
| 版　　次：2019 年 12 月第 1 版 | 印　　次：2019 年 12 月第 1 次印刷 |
| 字　　数：180 千字 | 定　　价：42.00 元 |

ISBN 978-7-5130-6534-4

出版权专有　侵权必究
如有印装质量问题，本社负责调换。

## 本书编委会

**排名不分先后**

**主　编**　胡钰凤　斜伟华
**编委会**　叶　琴　黄雪琴
　　　　　　杜　静　王烩裳

# 前　言

　　丽水地处浙西南边陲，大自然慷慨地赐予了她清纯秀丽的山山水水、绵延起伏的群山、巍峨耸立的峰岩、苍莽葱郁的林海、纵横密布的川流，使这里风光旖旎，气象万千，成为人们观光旅游、休闲度假的好去处，更被称为华东最大的生态休闲旅游胜地。随着"秀山丽水，养生福地，长寿之乡"口号的唱响宣传，丽水旅游业迎来了发展的春天，加之我国目前的旅游由观光型向休闲度假型转变的趋势，乡村休闲旅游变成热门，民宿旅游并不是一个新鲜事，但是住不同的民宿，体验各不相同。游客被吸引，看重的就是其空气好、生态好、环境好，找到回归自然的体验，感受不同的乡土风情，愉悦放松身心。

　　职业教育肩负着服务地方经济的使命，为此，结合中等职业教育"选择性"课程改革的大背景，我们积极组织调研，开发编写《在丽水恋上民宿》这门自由选修课程，希望通过该课程的学习，促进中等职业学校学生能够了解丽水的主要旅游线路、丽水著名的民宿以及目前丽水对于民宿的主要扶持政策。在编写的过程中，我们注重实用性、创新性和趣味性。本书的特色如下：

第一，内容上的实用性。本书从民宿基本知识着手，结合旅游专业的具体教学流程来探讨民宿，让学生从旅游专业的角度来学习民宿知识。

第二，形式上的创新性。在编写形式上大胆创新，以旅游线路为主线对丽水的民宿进行介绍整合，图文并茂，激发学生学习的兴趣，提高学习效率。

第三，知识上的趣味性。在表达上力求通俗易懂，用浅显易懂的语句，加上知识链接等趣味知识，让读者能够方便阅读和识记。

本书由丽水市职业高级中学胡钰凤、钭伟华任主编。参与本书撰写人员及分工如下：第一篇第一章由胡钰凤、钭伟华编写；第二篇第二章由叶琴编写，第三章由王焓裳编写，第四章由杜静编写，第五章由黄雪琴编写；胡钰凤责整体组织和策划实施，钭伟华负责统稿和样式编排。

希望本书能起到抛砖引玉的作用，让更多的人了解丽水的民宿，恋上丽水的民宿，投身到丽水民宿事业中来。

本书在编写过程中，参阅了大量的相关读物，参考、借鉴、引用了其中观点、材料、案例等，为行文方便，未能在书中一一注明，在此，谨向相关作者表示感谢！由于丽水旅游资源丰富多彩，民宿形式多种多样，涉及面广，加之编者水平有限，时间仓促，本教材难免存在疏漏与失误之处，恳请各位读者提出宝贵的意见和建议，以便修订时完善，谢谢大家！

# 目 录

## 第一篇　丽水民宿印象

### 第一章　民宿加油站

第一节　认识民宿 4
　　一、民宿含义 4
　　二、民宿起源 5
　　三、民宿类型 6
第二节　感受丽水民宿 7
　　一、丽水民宿旅游 8
　　二、丽水民宿发展 8
第三节　丽水民宿现状 10
　　一、政府出政策 11
　　二、个人寻发展 12

# 第二篇　丽水民宿体验

## 第二章　缙云莲都青田线——高铁站边的世外桃源

### 第一节　缙云莲都青田旅行线路 …………………………………… 18
一、缙云莲都青田线区县魅力 ………………………………… 19
二、旅游线路 …………………………………………………… 22

### 第二节　缙云莲都青田线相关民宿介绍 …………………………… 26
一、缙云民宿 …………………………………………………… 26
二、莲都民宿 …………………………………………………… 30
三、青田民宿 …………………………………………………… 37

### 第三节　缙云莲都青田线体验小站 ………………………………… 44
一、食——冲击的味蕾 ………………………………………… 45
二、行——出行的替步 ………………………………………… 53
三、游——心灵的港湾 ………………………………………… 54
四、购——别样的淘宝 ………………………………………… 61

## 第三章　云和景宁线

### 第一节　云和景宁旅行线路 ………………………………………… 69
一、云和景宁线区县魅力 ……………………………………… 71
二、旅游线路 …………………………………………………… 73

### 第二节　云和景宁线相关民宿介绍 ………………………………… 75
一、云和民宿 …………………………………………………… 76
二、景宁民宿 …………………………………………………… 81

### 第三节　云和景宁线体验小站 ……………………………………… 86

一、食——冲击的味蕾 ························· 86
　　二、行——出行的替步 ························· 91
　　三、游——心灵的港湾 ························· 92
　　四、购——别样的淘宝 ························· 96

## 第四章　松阳遂昌线——乡间的小路

第一节　松阳遂昌旅行线路 ························· 99
　　一、松阳遂昌线区县魅力 ······················ 100
　　二、旅游线路 ······························· 103

第二节　松阳遂昌线相关民宿介绍 ··················· 105
　　一、松阳民宿 ······························· 105
　　二、遂昌民宿 ······························· 111

第三节　松阳遂昌线体验小站 ······················ 116
　　一、食——冲击的味蕾 ························ 117
　　二、行——出行的替步 ························ 121
　　三、游——心灵的港湾 ························ 122
　　四、购——别样的淘宝 ························ 127

## 第五章　龙泉庆元线

第一节　龙泉庆元旅行线路 ························ 130
　　一、龙泉庆元线区县魅力 ······················ 131
　　二、旅游线路 ······························· 135

第二节　龙泉庆元线相关民宿介绍 ··················· 136
　　一、龙泉民宿 ······························· 137

二、庆元民宿 ································································· 141
第三节　龙泉庆元线体验小站 ····················································· 146
　　一、食——冲击的味蕾 ························································ 146
　　二、行——出行的替步 ························································ 152
　　三、游——心灵的港湾 ························································ 155
　　四、购——别样的淘宝 ························································ 162

# 第一篇
# 丽水民宿印象

# 第一章

## 民宿加油站

看厌了钢筋水泥的繁华都市,寻一处静谧山水悠然小憩,那就来体验民宿吧,这里可以让你放慢生活节奏,寻找宁静的心灵。

# 第一节 认识民宿

> **相关链接**
>
> ### 各国的民宿
>
> 现代旅游业的迅速发展，使民宿衍生为一种新型的旅游体验居住模式，但民宿这个名字，在世界各国会因环境与文化生活不同而略有异。
>
> （1）欧陆，多是采用农庄式民宿（Accommodation in the Farm）经营，让一般民宿能够享受农庄式田园环境，体验农庄生活；
>
> （2）加拿大，则是采用假日农庄（Vacation Farm）的模式，让人们在假日可以享受农庄生活；
>
> （3）美国，常见居家式民宿（Homestay）或青年旅舍（Hostel），不刻意装修的居家住宿，价格相对饭店便宜的住宿选择；
>
> （4）英国，惯称 Bed and Breakfast（B&B），即提供睡觉的地区及简朴早餐，索费大多每人每晚二三十英镑，视星级而定，价格会比一般旅馆便宜很多。

## 一、民宿含义

图 1-1　民宿

民宿指利用自用住宅空闲房间，结合当地人文、自然景观、生态、环境资源及农林渔牧生产活动，以家庭副业方式经营，提供旅客乡野生活之住宿处所（见图 1-1）。目前民宿没有一个统一的概念，广义上讲，除了饭店、旅馆之外，其他可以为游客提供住宿的场所，如民宅、农庄、农舍等都可以归纳成民宿。现在，不少旅游资源丰富的城市，民宅改建，再以个人为经营主体出租的房屋均可以认为是民宿。

## 二、民宿起源

民宿的起源有很多说法，有研究说源于日本，还有说源于我国台湾地区，也有的说源于法国，探究民宿一词，更多的说法是来源于英国。

### 1. 英国民宿

20世纪60年代初期，英国的西南部与中部人口较稀疏的农家，为了增加收入，开始经营民宿。当时的民宿数量并不多，是采用B&B（Bed and Breakfast 床和早餐）的经营方式，它的性质是属于家庭式的招待，这就是英国最早的民宿。

### 2. 日本民宿

20世纪70年代是日本民宿的兴盛时期。在旅游业快速发展的带动下，日本民宿数量飞速增长。从个体家庭式经营到职业化经营，日本民宿质量及服务水平一直不断提升。同时随着国际市场的开放，日本民宿数量在持续增加。

### 3. 我国台湾地区民宿

民宿在我国台湾地区的发展有很长的历史，最早大规模民宿发展的地区是垦丁国家公园，时间在1981年左右，当初是为了解决住宿不足的问题。早期的台湾民宿主要以家庭副业经营为主，随着台湾民宿创造的经济价值越来越多，不少人逐渐由副业经营逐渐转变成职业经营，同时也有不少投资者加入投资经营行列，促使台湾民宿数量急剧增加。

# 三、民宿类型

民宿在发展过程中形成了各式各样的特色，有的是农舍改造的，有的是专门为开民宿而设计的，主要有以下几种类型。

图1-2　体验型民宿

1. 农村体验型民宿

在传统的农业乡村旅游中，除有农村景观、提供农家生活体验之外，并提供农业生产方面的体验活动（见图1-2）。

2. 经营型民宿

其住宿环境均为老屋所整修，或以古建筑的式样为设计蓝图，提供游客深度的怀旧体验（见图1-3）。

图1-3　经营型民宿

3. 赏景度假型民宿

民宿结合自然的景观或是精心规划的人工造景，如万家灯火的夜景、满天星斗、庭园景观、草原花海或是高山大海等。

### 4. 艺术体验型民宿

由经营者带领游客体验各项艺术品制作活动，包括捏陶、雕刻、绘画、木屐、果冻蜡烛、天灯制作等，游客可亲手创造艺术作品，体验乡村或现代的艺术文化飨宴（见图1-4）。

图1-4　艺术体验型民宿

## 第二节　感受丽水民宿

**相关链接**

### 民宿——找到家的感觉

适应了城市生活的我们，每日奔跑在外，工作、学习、社交，早出晚归，家，就成了唯一静置身心、与自己对话的处所。偶得小暇，赶赴神往已久的远方，一路担心能不能赶上交通，哪里可以尝到地道美味，一整天里精力和体力都高度消耗，寄希望于夜晚，能有一间如自家一般温馨的旅舍来安抚游览后的疲惫。在民宿住上两日，让步子和心都静下来，沉睡在脑海里遥远的感知力也就回来了，在朴实的自然里找回对美的敏感。

## 一、丽水民宿旅游

图1-5 丽水民宿

在繁华都市中,看厌了钢筋水泥,寻一处静谧山水悠然小憩,成为当下诸多都市人的选择。伴随"秀山丽水、养生福地、长寿之乡"口号的唱响宣传,丽水旅游业迎来了新的发展春天,加上我国目前的旅游由观光型向休闲度假型转变的趋势,乡村休闲旅游变得热门,民宿这种新型旅游业态也如雨后春笋,在丽水这个浙南小城蓬勃发展(见图1-5)。

民宿旅游并不是一个新鲜事,但是住不同的民宿,体验各不相同。游客被吸引,看重的就是其空气好、生态好、环境好,找到回归自然的体验,感受不同的乡土风情,愉悦放松身心。丽水的生态环境名不虚传:环保部官网发布的2015年全国74个城市空气质量状况排行榜上,丽水市名列前十名。"绿水青山就是金山银山",丽水发展民宿旅游得天独厚,而且有着很多历史文化村落、畲乡风情等丰富的特色旅游资源。高铁时代也已来临,我们丽水努力打好生态品牌,满足游客的需求,做好民宿旅游产品的供给。开发乡土资源,发展民宿旅游是一个很好的结合点,目前丽水九县市都开发出了系列的特色民宿。

## 二、丽水民宿发展

民宿是乡村旅游的新业态,是农家乐的升级版,是农民增收的新渠道。外来资本和本土风俗两股力量推动着丽水民宿的发展(见图1-6)。作

图1-6 乡村小路

为一种新的旅游业态，它被开发出多种可能性，也面临着多样的选择路径。民宿为广大城市居民寻找乡愁记忆、感受父辈生活提供了可能；民宿为有志人士和返乡青年就地创业提供了可能；民宿也为保护传统文化和古村落、古建筑等历史遗存提供了可能（见图 1-7）。

图 1-7　乡村美景

丽水发展民宿需要发现和珍视这方乡土文化，挖掘发展民宿的本源与根基，不以经济利益发展民宿，也不以乡愁情怀之名给美丽乡村带来资源的过度消耗和浪费，甚至是留下一堆堆被废弃的现代建筑。事实上，对于真正热爱民宿的人们，民宿从来不是一种现象、一个话题，而是对一种生活方式的自觉选择，无论是做民宿，还是住民宿。如此这般，民宿方能回到初心，也才能步入正轨。

丽水市近几年迎着民宿发展的浪潮，将民宿经济作为生态旅游经济的新业态，作为富民产业精心培育，高度重视，强势推进，日益成长、壮大。2016 年年初，丽水市政府又出台《农家乐民宿三年行动计划（2016—2018）》，提出到 2018 年，农家乐民宿达到 5000 家以上，床位达到 5 万个以上，集中培育 30 个以上民宿产业带、集聚区，120 个以上乡村特色民宿示范乡镇、村、点；创建 50 个乡村度假休闲酒店、50 个乡村旅游示范村（景区村），10 个现代农业景区（省级现代农业综合区景区化提升）等 21 类农旅融合项目，力争打造全省民宿第一大市的目标。

## 第三节 丽水民宿现状

**相关链接**

### 她为何从杭州回到丽水老家开民宿？

"出村,进城",不少人认为的正确迁徙路线,在当代中国正被大规模复制。

很多年轻人,背上行囊远离家乡,带着对美好未来的憧憬,一头扎进钢筋水泥森林的大城市,立志打拼出属于自己的一片天。他们就像迁徙的"候鸟",每年会在特定时候回到家乡,然后离开。大城市给予了他们增长见识、积累财富、收获技术的机会,渐渐地他们成为"新城市人"。

不过,总有一些人难以割舍对故乡的情怀,放不下那一份乡愁。一种新的迁徙模式便逆势而生——"出城,进村"。叶大宝就是这样一位年轻人,她从城市返回家乡,"逆势而行",很快,她的故事成为媒体焦点。"归隐山水,云上平田,大家好,我是松阳云上平田慢生活体验区的叶丽琴,不过喜欢大家喊我大宝。每天在610多米半山腰的平田村里,空气清新,民风淳朴、365天有200多天云雾缭绕,在平田处处是景。每天可以接触来自五湖四海不同的朋友、互相交流学习、倾听各自的故事、生活充实美好。爱旅行,爱美食,爱云上平田的大宝在平田等着听你的故事。"

在浙江,有越来越多的"叶大宝",正在践行着"绿水青山就是金山银山"的真谛。

## 一、政府出政策

### 1. 政府给力

丽水市政府对于发展旅游、发展民宿一直处于引领的地位，从央视"秀山丽水，养生福地"的广告，到各种旅游宣传会以及相关政策的出台，无不为丽水发展民宿旅游起到了关键性的作用。自出台《农家乐民宿三年行动计划（2016—2018）》后，再次出台《丽水市农家乐民宿经济用地管理服务指导意见》《关于鼓励职工市内休养促进乡村休闲旅游业发展的通知》等政策，全力推进农家乐民宿经济发展，努力打造"浙江民宿第一市"。

按照《国家新型城镇化规划（2014—2020年）》《国务院关于进一步做好新形势下就业创业工作的意见》（国发〔2015〕23号）和《国务院办公厅关于支持农民工等人员返乡创业的意见》（国办发〔2015〕47号）要求，国家发展改革委等10部门将结合新型城镇化开展支持农民工等人员返乡创业试点工作。目前，浙江省桐庐县、庆元县、云和县、龙泉市、松阳县5地已正式获批，成为全国首批结合新型城镇化开展支持农民工等人员返乡创业试点的地区。全省共5家，丽水就占了4家，成了试点后各种政策措施跟上，发展民宿更赶上了好时机。

### 2. 政策名录

国务院出台《国家新型城镇化规划（2014—2020年）》。

国务院出台《国务院办公厅关于支持农民工等人员返乡创业的意见》。

丽水市出台《关于大力发展乡村特色民宿深化农家乐综合体创建的指导

意见》。

丽水市出台《关于大力发展农家乐民宿经济、促进乡村旅游转型升级发展三年行动计划（2016—2018年）》。

丽水市出台《丽水市农家乐民宿经济用地管理服务指导意见》。

丽水市《关于鼓励职工市内休养促进乡村休闲旅游业发展的通知》。

松阳县出台《关于推进民宿经济发展实施意见》。

缙云县出台《关于大力扶持农家乐民宿经济发展的实施意见（试行）》。

景宁县出台《景宁畲族自治县农家乐乡村休闲旅游发展2015年度实施方案》的通知。

松阳县大东坝镇印发《关于推进农家乐民宿经济发展的实施意见（试行）的通知》。

云和县出台《云和县加快推进民宿型农家乐休闲旅游业发展相关扶持政策（试行）的通知》。

青田县出台《关于大力发展"侨家乐"民宿经济的三年行动计划》。

青田县出台《青田县侨家乐民宿经济扶持办法》。

遂昌出台《特色旅游村（农家乐民宿资源村）评定及管理办法》。

庆元县出台《庆元县农家乐民宿经济发展三年行动计划（2016—2018年）》。

# 二、个人寻发展

20世纪80年代初，中国第一代农民工走出家门，远赴沿海打工。从此之后越来越多的农村人走向城市一去不返，与此同时，农村形成规模空前的"空心村""老人村""空心户"。大量闲置的农村房，形成巨大的浪费和环境破坏，更令人痛心的是那些拥有悠久历史的古村、古巷、古寨，如何继承和保存这些濒临灭迹的传统建筑，也是摆在我们面前的一道沉重的课题。与此形成对比的是，城里人却喜欢去参观这些古村、古巷、古寨。

  近年来，由于国内外经济形势下行的深度影响和国家一系列支农惠农政策的相继出台，在全国范围内引发了一场始料未及的返乡潮。更多的人放弃大城市的工作和生活，回到了生之养之的故乡，开拓新的创业模式。离城、回村，这一条创业的弧线，在新型城镇化的今天，让人们重新认识自己和故乡。在当中就有很多人结合当地的风俗文化和地域特征，开起了民宿，在这个过程中，很多人践行着"绿水青山就是金山银山"的真谛，在开发过程中挖掘了故乡的特色民俗，把渐渐淡出我们生活的回忆逐渐找回来，让我们的故乡依然有温暖、有故事、有希望。同时个人在这过程中也取得了新的成就，呼吸自然，吐纳文化，成就了丽水山居。

# 第二篇
# 丽水民宿体验

第二章
# 缙云莲都青田线——
## 高铁站边的世外桃源

## 第一节　缙云莲都青田旅行线路

**相关链接**

你的民宿我当掌柜
丽水民宿现"两权分离"新模式

"倚莲而居,采莲回家。如果你想自己做主,无拘无束慢生活,你就是我们要找的人。"2015年11月的一天,福建姑娘若兰在刷朋友圈时被一则招募信息所吸引。几周之后,若兰和同是美术专业的丈夫毛遂自荐成了莲都区利山村"莲舍"民宿的新掌柜。

利山村依山傍水,是一个有着数百年历史的畲族古村落,被莲都区列入"12个民宿特色村"进行重点扶持后,村支书徐联法带头装修了村里第一家以莲文化为主题的精品民宿——"莲舍"。苦于不懂得民宿经营,徐联法决定在微信上发帖,面向社会招募民宿管家。

"揭榜"入住后,若兰夫妇俩按照理想之家的模样对莲舍进行了重新布置:为院子里的小木屋拉起轻盈的帷幔,长桌摆放上工夫茶具;屋内墙壁上悬挂着以莲为主题的装饰画,原本突兀的承重立柱也在麻绳和旧木雕的装饰下显得文艺范儿十足。一间普普通通的农舍,颜值大为改观,引得主人徐联法啧啧称赞。他更没想到在短短的时间里已经吸引了一批忠实的顾客定期前来光顾。

# 一、缙云莲都青田线区县魅力

## 1. 缙云县：依托景区和乡愁 让民宿发展遍地开花

缙云县，位于丽水市东北部，是"革命老区县""中国麻鸭之乡"。缙云县内330国道、金丽温高速公路、金温铁路纵贯南北，穿城而过，台金高速公路横穿东西，交通十分便利（见图2-1）。缙云县境内非金属矿产极为丰富，已发掘的有沸石、凝灰岩、珍珠岩、膨润土、

**图2-1 缙云城区**

石英砂、萤石等。其中，沸石贮量约3亿吨，居全国第四，质量第一。建材矿产以凝灰岩、花岗岩为主。主要农作物是水稻，为丽水市主要产粮区之一。近年来，缙云县委、县政府提出了"富民强县、幸福家园"的总目标，实施"工业强县、生态富民"两大发展战略，社会经济呈现出新的跨越式发展态势。境内旅游资源丰富，地理环境得天独厚，历史文化源远流长，有着丰富的自然景观和人文景观，是中国最佳生态旅游县，浙江省旅游经济强县。

缙云的仙都景区被评为国家首批4A级旅游区，集"奇峰异石""田园风光""黄帝文化"于一身。这里还吸引了大批的武打电视剧组前来拍摄。鼎湖峰号称"天下第一奇峰"，相传为黄帝升天成仙之地。黄帝文化源远流长，黄帝祠宇是中国南方朝拜轩辕黄帝的中心，已与陕西黄陵形成"北陵南祠"格局。

缙云，一个可以尽情领略仙都山水、感受黄帝文化、欣赏摩崖石刻、品味道家茶艺、体验农家生活的驻足之地。

## 2. 莲都区：用民宿留住乡愁

图2-2 莲都城区

在浙西南腹地，八百里瓯江最瑰丽的河段边，有一块形如莲瓣、盛产莲花的沃土——莲都，这里以山清水秀、空气清新而闻名，这里远离污染、原生态的环境足以让人流连忘返（见图2-2）。

莲都，古称莲城，依山环水，形如莲瓣，风景怡人，是历史悠久的书画之乡，更以洁白美丽的处州白莲闻名，上接金华，下邻温州，高铁、高速均可直达，交通十分便利。莲都有碧波荡漾的南明湖、有廓苍之胜的南明山，有1500年历史的通济堰，更有诗画云集的千年古镇——古堰画乡。在如诗如画的莲都风光中行走，于南明湖畔喝上一杯清香的莲子茶，古堰画乡寻上一幅心仪的美丽画作，这风景便成了诗一样的生活。

生态环境优越、乡村精致迷人、产业特色鲜明、民俗文化和红色文化底蕴深厚等，这些使莲都发展民宿产业拥有独特的优势。当下，莲都正精心谋划主题村落、特色小镇、生态旅游名城"三大平台"，努力把民宿经济培育成新的增长点，一股民宿经济热潮正席卷莲都大地。可以期待的是，民宿经济将成为改变莲都乡村的最大推手。

主题村落建设是莲都农村发展的方向和希望。围绕建设有故事、有内涵、能富民的大健康主题村落，该区以"植入一个主题、导入一个工商资本、建立一个盈利模式、形成一个共享机制、健全一个服务体系"的"五个一"要求，尊重自然、传承文脉，突出"一村一品""一村一景""一村一韵"，推动传统村落向大健康主题村落转型，留住一方乡愁，富裕一方百姓。

莲都,拾起一片片泛黄已久的乡愁记忆,带给您的永远是想象不到的美丽、享受不完的生活。

### 3. 青田县:山水家园,欧陆风情,领略别样的民宿

"巍峨的山,滔滔的水,西洋的楼。"在中国东部,有个神奇的地方,白天在乡村吃着原生态的农家菜,晚上在霓虹灯下品尝的是地道的西餐红酒,这就是青田县,一座承载千年的江南小城,一个与世界同步的地方(见图2-3)。在这座以美石、美景、美食为傲的江南小城,你能感悟到自然的魅力。

图 2-3  青田城区

青田东邻温州市,西连丽水,八百里瓯江穿境而过,群山环绕,四季常青。青田建县距今已有1300多年历史,"一水绕城南,春风满渡头。往来人似鲫,终日不停舟",古诗反映的正是历史青田的真实写照。

青田是著名的石雕之乡、华侨之乡、名人之乡,她是军事家、政治家及诗人刘基的故里,也是国民革命军一级上将陈诚的故乡。青田出产的青田石是中国四大名石之一,从古至今都是文人墨客难求的案头至宝,青田石雕自成流派,奔放大气、细腻精巧,形神兼备。华侨文化和农耕文化几百年的交融,形成了青田县一半江南,一半欧洲的独特风情,在这里既能品尝到地道的稻田田鱼,也能喝到正宗的欧洲咖啡,既能体验浙南山城的秀丽山水,又能品味古典浪漫的欧陆风情,位于青田油竹的进口商品城包罗万象,价格亲民,不出国门便可轻松享受欧洲购物的优惠与便利。青田县城沿江而建,山水相依,飞架的彩虹

桥连通了水南和水北。接壤温州,交通便利,高铁、高速公路均可直达,距离温州永强机场仅1个多小时车程,有直达的机场大巴接送。来青田,逛侨乡,游山水,赏石雕,购洋货。

青田,一个你绝不能错过的独特小城。

# 二、旅游线路

### A——穿越千年　品耕读文化

| 日期 | 具体行程 | 住 宿 |
| --- | --- | --- |
| D1 | 缙云接团,前往【河阳古民居拍摄游览】(车程约30分钟,游程约1小时)。河阳历史文化保护区源远流长,保护区内现存古民居建筑群。河阳村号称"烟灶八百、人口三千",是个有着1100多年历史的古村庄,河阳的水系、道路基本保持着元代村庄设计特色 | 轩轩之缘民宿 |
| D2 | 早餐后游国家4A级风景名胜区仙都:【鼎湖峰】(车程约20分钟,游览约2小时)(游览"天下第一石笋"——鼎湖峰,江南祭祀黄帝祠宇——皇帝祠宇,仙水洞等),【小赤壁】(游程约30分钟)(远观婆媳岩、舅轿岩,游览龙耕路,小蓬莱,丹室等),【倪翁洞】(游览问渔亭,老鼠偷油,倪翁洞远观月境岩,仙女峰,五老峰等) | 自选 |

### B——觅仙踪,游画乡

| 日期 | 具体行程 | 住 宿 |
| --- | --- | --- |
| D1 | 缙云接团,游国家4A级风景名胜区仙都:【鼎湖峰】(车程约20分钟,游览约2小时)(游览"天下第一石笋"——鼎湖峰,江南祭祀黄帝祠宇——皇帝祠宇,仙水洞等),【小赤壁】(游程约30分钟)(远观婆媳岩、舅轿岩,游览龙耕路,小蓬莱,丹室等),【倪翁洞】(游览问渔亭,老鼠偷油,倪翁洞远观月境岩,仙女峰,五老峰等) | 隐居画乡 |

续表

| 日期 | 具体行程 | 住宿 |
|---|---|---|
| D2 | 早餐后车赴大港头，游玩中国摄影之乡、中国写生绘画基地—【古堰画乡景区】（游程约2小时），游览油画展览馆、香樟古埠、双荫亭、画廊一条街、渡船、文化长廊、竹林小径、通济古道、贞节牌坊、民俗文物陈列馆、千年古樟群、文昌阁、千年石（三洞桥）等景点 | 自选 |

## C——嬉水养生游

| 日期 | 具体行程 | 住宿 |
|---|---|---|
| D1 | 丽水接团，车赴瓯江之畔欧陆风情园度假区——【冒险岛水世界】。"冒险岛水世界"有专属的跌宕起伏、扬善除恶的故事主线，以主题漂流河为线索，贯穿于全岛所有嬉水项目中，让游客在体验设备惊险刺激的同时，能够感受到维京人的智慧和勇气，身临其境般融入维京驯龙的场景中，开启神秘冒险之旅 | 青田石门小院 |
| D2 | 早餐后车赴【青田石门洞】：集山林苍翠之优、文物荟萃之胜、飞瀑壮观之美、气候宜人之适，是一处具有清、幽、灵、古、奇、险、野、趣之特色的"洞天仙境"。"伯温养生休闲度假村"，地处石门国家4A级景区腹地，与石门飞瀑景区紧密相连，是刘基文化之旅的第二站，有"太极湖""三立堂""伯温传说展示廊""烧饼阁""点将台""八卦坛""伯温古树"等主要景点 | 自选 |

## D——游风情仙都，访魅力小镇

| 日期 | 具体行程 | 住宿 |
|---|---|---|
| D1 | 缙云接团，游国家4A级风景名胜区仙都：【鼎湖峰】（车程约20分钟，游览约2小时）（游览"天下第一石笋"—鼎湖峰，江南祭祀黄帝祠宇—皇帝祠宇，仙水洞等），【小赤壁】（游程约30分钟）（远观婆媳岩、舅轿岩，游览龙耕路，小蓬莱，丹室等），【倪翁洞】（游览问渔亭，老鼠偷油，倪翁洞远观月境岩，仙女峰，五老峰等） | 仙都6号民宿 |

续表

| 日期 | 具体行程 | 住宿 |
| --- | --- | --- |
| D2 | 早车赴【东西岩景区】（车程2.5小时，景点游览约2小时），东西岩景区以丹霞地貌、畲族文化、革命遗址而闻名，游览东岩和西岩，参观一线天、清风峡等景点。游览老竹镇东西岩沿线的【处州白莲基地】，朵朵荷花在绿色的海洋中竞相开放，似雨伞状大小不一的莲蓬娇羞地开始弯腰，娇艳的粉色、幽雅的白色，随着碧绿的荷叶、莲蓬迎风摇曳，美不胜收。游览结束，入住酒店休息 | 莲舍 |
| D3 | 早餐后早车赴大港头，游玩中国摄影之乡、中国写生绘画基地—【古堰画乡景区】（游程约2小时），游览油画展览馆，香樟古埠，双荫亭，画廊一条街，渡船，文化长廊，竹林小径，通济古道，贞节牌坊，民俗文物陈列馆，千年古樟群，文昌阁，千年石（三洞桥）等景点 | 自选 |

## E—探古民居，访山水名人

| 日期 | 具体行程 | 住宿 |
| --- | --- | --- |
| D1 | 缙云接团，前往【河阳古民居拍摄游览】（车程约30分钟，游程约1小时），河阳历史文化保护区源远流长，保护区内现存古民居建筑群。河阳村号称"烟灶八百、人口三千"，是一个有着1100多年历史的古村庄，河阳的水系、道路基本保持着元代村庄设计特色 | 施家小筑 |
| D2 | 早餐后前往缙云仙都（车程约30分钟）：这里以峰岩奇绝、山水神秀为特色。【鼎湖峰】（游览"天下第一石笋"—鼎湖峰，江南祭祀黄帝祠宇—皇帝祠宇、仙水洞等）。后前往【古堰画乡景区】（车程约2小时，游程约2小时）游览油画展览馆，香樟古埠，双荫亭，画廊一条街，渡船，文化长廊，竹林小径，通济古道，贞节牌坊，民俗文物陈列馆，千年古樟群，文昌阁，千年石（三洞桥）等景点 | 隐居画乡 |
| D3 | 早餐后早车赴车赴【青田石门洞】：集山林苍翠之优、文物荟萃之胜、飞瀑壮观之美、气候宜人之适，是一处具有清、幽、灵、古、奇、险、野、趣之特色的"洞天仙境" | 自选 |

## F——养生休闲游

| 日期 | 具体行程 | 住宿 |
|---|---|---|
| D1 | 青田接团，游【青田石雕博物馆】，赏精品石雕，车赴【山口石雕文化主题公园】：印园、千丝潭、天梯、天门、罗汉壁、幽园、千丝庙宇等景观，参观【中国石雕城】，亲身体验石雕艺人的创作过程。可到青田侨乡进口商品城自由活动，这里主要经营各类国外原装进口商品 | 青田石门小院 |
| D2 | 早餐后车赴【青田石门洞】：集山林苍翠之优、文物荟萃之胜、飞瀑壮观之美、气候宜人之适，是一处具有清、幽、灵、古、奇、险、野、趣之特色的"洞天仙境"。"伯温养生休闲度假村"，地处石门洞国家4A级景区腹地，与石门飞瀑景区紧密相连，是刘基文化之旅的第二站，有"太极湖""三立堂""伯温传说展示廊""烧饼阁""点将台""八卦坛""伯温古树"等主要景点 | 莲舍 |
| D3 | 早餐后游玩中国摄影之乡、中国写生绘画基地—【古堰画乡景区】，（游程约2小时），游览油画展览馆、香樟古埠、双荫亭、画廊一条街、渡船、文化长廊、竹林小径、通济古道、贞节牌坊、民俗文物陈列馆、千年古樟群、文昌阁、千年石（三洞桥）等景点 | 施家小筑 |
| D4 | 早餐后游览国家4A级风景名胜区仙都：鼎湖峰景区（游览约2小时）（游览"天下第一石笋"—鼎湖峰，江南祭祀黄帝祠宇—皇帝祠宇，仙水洞等），小赤壁景区（游览约30分钟）（远观婆媳岩、舅轿岩，游览龙耕路、小蓬莱，丹室等），倪翁洞景区（游约30分钟）（游览问渔亭，老鼠偷油，倪翁洞远观月境岩，仙女峰，五老峰等） | 自选 |

# 第二节　缙云莲都青田线相关民宿介绍

**相关链接**

小楼和"小楼"的故事

夏小楼从小在长江边的一个渔村长大,是三峡移民。2014年10月,自驾来到古堰画乡的她深深为这里的山水所吸引,便义无反顾地辞去了手头的外贸工作,在莲都江心岛——坪地村开了一家名叫"小楼"的民宿。传奇的故事演绎回归乡野的情怀,"小楼"民宿一时间刷爆微信朋友圈。

在夏小楼看来,游客来利山村,住宿仅仅是一次消费,在这乡土气息浓郁的美丽环境中,还可以产生二次、三次消费,甚至更多,民宿的收入链条可以拉得很长。如冬挖笋、春采茶、夏采莲、秋爬山,都可以由民宿的经营者来提供,轻轻松松让游客在这里产生二次消费。闲暇时,夏小楼会漫步乡间,拾掇上一些村民们丢弃的陶罐、瓷碗等老物件。游客看了喜欢,也会掏钱买上一两件。

## 一、缙云民宿

### 1. 龙门农家饭店

龙门农家乐综合体位于壶镇砾旧村,四面环山,环境幽静、青山叠嶂、直上云霄,一条飞瀑挂前川,依山而建,流水为傍,风景秀丽,气候温凉,为夏季避暑胜地。

龙门农家乐综合体在原龙门山庄的基础上,借助山水、气候上的独特优势,突出以"山水风光、乡土美食"为主题，大力发展农业观光、休闲垂钓、民俗体验、乡土美食为一体，着力打造避暑度假养生胜地。自2008年10月开始建设龙门山庄（见图2-4），已建成得雨桥——稻花村农家餐饮服务区、龙门古城——水上

图2-4　龙门山庄

山庄休闲娱乐区等，已整治河道1公里并在湖潭放养鱼苗10多万尾。去年以来，按照农家乐综合体提升项目实施要求，委托上海东方建筑设计院完成总体规划编制，完成土地利用规划调整，建成游客接待中心和停车场。2014年接待游客7.6万多人次，营业额达到635万元。2014年已通过市级验收，被命名为丽水市第二批农家乐综合体。

温馨提示

1. 距县城48公里。

2. 听雨轩、水上天、山门、悬空殿、不老庙、水岸人家，还有能容纳100多人的"龙船"。

3. 阳台上风景更上一层楼，品茶，聊天，充斥着恬淡与浪漫。

4. 老板人很朴实，热情，有什么忙尽管找他帮忙好了。

### 2. 轩之缘民宿

图 2-5　轩之缘民宿

轩之缘民宿客栈坐落于国家 4A 级风景名胜景区——缙云仙都，距县城 5 公里（见图 2-5）。创办于 2013 年年底，经营面积 600 平方米，有标准间 12 个。客栈以"书画会友，绿色休闲"作为经营理念，主打文化养生，环境清新优雅。门前有石趣小院，花草芬芳，一楼有书画吧，闲暇时光可以喝茶品画，或即兴挥毫泼墨。客房布置各具特色，日式榻榻米、标准大床房设施齐全。床品品质好，设施齐全。客栈地处景区大道，临窗见景。独立电梯刷卡直达顶楼高级套房，私密性极佳。民宿采用农家土灶烹饪，以自榨茶油或菜油为食用油，游客若有兴趣亦可亲自参与烹饪，动手制作缙云特色菜肴。客栈还为游客提供体现缙云饮食文化独有魅力的烧饼炉，现烤烧饼。民宿主人热情好客，服务周到。

2014 年轩之缘民宿与台湾雅筑小栈结对，成为我市首批十大结对民宿。

**温馨提示**

1. 距仙都鼎湖峰景区仅几分钟路程，可步行前往。

2. 门前有石趣小院，花草芬芳，一楼有书画吧，闲暇时光可以喝茶品画，或即兴挥毫泼墨。

3. 二楼三楼都是客房，室内极为干净，每一个房间都挂着不同的水墨山水画，四楼则是一个宽敞的套房。

### 3. 仙都 6 号民宿

仙都 6 号民宿建于 2014 年 8 月，位于仙都风景区鼎湖峰山脚。店内具有冷暖空调，热水洗澡，独立卫生间，高清电视，宽带上网，电吹风，以及旅行需用小型物件等（见图 2-6）。

图 2-6　仙都 6 号民宿

**温馨提示**

1. 距仙都鼎湖峰景区仅几分钟路程，可步行前往。
2. 客房床位独特时尚，别具一格，绝对让你眼前一亮！

### 4. 施家小筑

图 2-7　施家小筑

施家小筑坐落于国家 4A 级风景名胜景区——缙云仙都，距县城 5 公里。创办于 2013 年，经营面积 180 平方米，有标准间 4 间，大床房 2 间（见图 2-7）。客栈环境优美、干净整洁，门前、窗台上花草环绕，房间布置温馨舒适，民宿主人热情好客，宾至如归，是一处闹中取静的温馨的住所。

**温馨提示**

1. 距仙都鼎湖峰景区仅几分钟路程，可步行前往。
2. 老板娘特别爱干净，小筑每一个角落几乎都是一尘不染，真佩服！
3. 更让人惊叹的是连卫生角落都放满了各种鲜花盆栽，芳香无比。
4. 每个房间都带着不同的色调和装饰，如果能都睡一遍也不错。

# 二、莲都民宿

## 1. 隐居画乡

隐居画乡 2015 年 10 月正式营业，便吸引了一批隐居酒店的拥趸专程前往。从藏在满觉陇山间小道上的"隐居西湖"，到开窗便是苍山洱海的"隐居洱海"，再到上海海派气质的"隐居繁华"……隐居的每一家酒店风格均不同，却都坚持着相同的追求——酒店位置一定要深处宁静之地，窗外风景一定要美到窒息，室内设计一定要独具匠心（见图 2-8）。"隐居画乡"便是在这种追求下诞生的又一力作。

说来，隐居画乡算不上是民宿，更像是精品酒店。"隐居画乡"这四字的牌匾隐在了鲜花草丛中，酒店用简易的栅栏把非住店客人挡在外边，不刻意，却营造了一种自家小院的氛围。

图 2-8 隐居画乡外景

隐居画乡有 16 间房，设计均不同，客房都以中国传统色彩命名，如黛蓝、月白、竹青等。房间设计去繁从简，讲究一个"雅"字（见图 2-9）。褐色木板铺墙，做旧的石头既被打造成迷你吧台台面，也被设计成前卫的洗手台。两面

图 2-9　隐居画乡景内景

巨大的镜子被嵌进圆形铜框，用粗麻绳悬挂于墙面。洗手台上的木质置物格内，隐居系列的牙具、木梳子都是值得顺走的小物件，"隐居"的沐浴用品向来都采用欧舒丹等品牌的产品。

隐居画乡的小物件极多，既作为软装存在，又同时展示给住客，如果喜欢便可买走。早餐区有好些设计别致的铁茶壶，吸引着每一位住客的目光，还有本地特色的龙泉青瓷，书吧内一溜儿垂挂的素衣，也为酒店的雅致加分。

在隐居画乡，品尝美食便是一种享受，东西当然好吃，但更惬意的是可以打开窗子与瓯江为伴，坐在门外的露台上与千年古樟树为邻。细心的管家会为每一位住店客人精心准备下午茶。

**温馨提示**

1. 距县城 28 公里。
2. 四个软硬度不同的枕头可配合客人不同的睡眠习惯。
3. 客房还备有不同品种口味的茶包和挂耳咖啡。
4. 隐居画乡还准备了各种活动，如放孔明灯、电影放映、亲子互动游戏、西点烘焙和石头画工作坊等。

## 2. 云上伊人（莲舍）

图2-10 云上伊人（莲舍）

距离古堰画乡不足十分钟车程的利山村，群山环绕，翠竹掩映，是一片清净的自然之地。这个有着500年历史的畲族古村落围着百亩荷塘而建，即便是在荷花已谢的秋天前来，残叶未落，密密麻麻的秸秆蔓延至远处青山，也别有一番意境。村口的"云上伊人"2015年10月新开业，却已小有名气（见图2-10）。

小青瓦、马头墙，外体与村子其他民居统一，一入内却别有洞天。大厅中央是一株枯木，枝丫遒劲而不凌乱，挂着旧时农村常见的竹篮。长长的茶桌可容纳10余人围坐，桌上放着茶具和各类茶，供客人取用。在这里，把自己当作主人便可，随意落座，泡茶聊天，足够怡然自得。

云上伊人共有7个房间，整体风格清雅，选材质朴自然，简约却不简单。藤编的花盆与灯罩、落地灯的暖黄色灯光隐隐透出镂空的花窗。每一间又随名字而有所不同，比如"莲"客房的各个角落里摆放着莲蓬、莲叶，进入名为"畲"的房间，一眼看到的则是床头墙面上挂着的蓝色印花布。几乎每个房间都有大飘窗，茶几、茶具、藤编蒲团，一应俱全。最让人惊喜的是竟然还有《传家》一书和围棋，传统的元素隐藏在这些细节里，动人心弦（见图2-11）。

图2-11 云上伊人内饰

晚上,可以在民宿吃饭,与老板喝酒聊天,溪鱼鲜美,茭白甜嫩,是久违的乐胃。酒足饭饱,伴窗外的潺潺溪水声睡去。清晨醒来,一开木窗,山风窸窣,依旧是望不到尽头的莲叶田田。

**温馨提示**

1. 距县城 37 公里。

2. 品春天春意盎然,看夏天荷花摇曳,观秋天官岭古道红叶飘扬,享冬天安静美好。

3. 多种不同设计的房间,每个房间开窗即景,与窗外的莲花池、毛竹山景很好的融合。

4. 轻奢情怀民宿,畲乡山居生活,莲鲤田园农趣,古朴畲乡风情。

### 3. 小楼

在小楼,你能感受到一丝归隐田园的意味(见图 2-12)。一个只有 10 余户人家、只能坐船进出的村子,一位 30 岁的女人,一家远离喧嚣的客栈,以及,一条狗与一只猫。小楼,是这家客栈的名字,也是客栈主人的名字。重庆人小楼,有着"三峡移民"的身份。她对于家,对于童年都有一种特殊的情感。第一次坐船去古堰画乡,看到一江清水,看到一位阿婆在江边洗衣服,那幅画面就像小时候坐在江边,静静地等奶奶洗完衣

图 2-12 小楼

服一起回家。这一次遇见，让她再也不想离开，在半岛村安了家。

从古堰画乡到半岛需坐5分钟的船，正是这5分钟恰到好处的疏离，让半岛村更像是世外桃源。村里的居民大多已经外迁，留下一幢幢有些颓败的房子和成片的田野。小楼把老房子重新改造，最大限度保留原始、古朴、宁静，对里里外外都花足了心思。请老木匠定制家具，让裁缝定做花色棉被，淘来老门板当茶桌，砖瓦、土墙、爬藤都是原来就有的，石臼里种上铜钱草，枝繁叶茂率意天成。庭院里是几张可以围坐聊天的桌椅，所有来客都可在不大不小的空间里自在其乐。院子后原是一片荒地，小楼把它开为菜园，种些时令的蔬菜，客人来时，可以到菜地里采摘，体验劳作的乐趣。

村里的日子过得缓慢，时间被无限拉长，小楼每日6点半起床，8点半睡觉，白日里没事便去山里转悠，山里的松果、路边的芦苇、晒干的麦穗，都被她悉数收纳，成了客栈里的景。客栈只有4个房间，来这里的大多都是年轻人，在院子里一坐就是一个下午，看书、喝茶，或者完全放空。为了保持安静的空间，小楼婉拒所有带小孩的客人。

## 温馨提示

1. 距县城48公里。

2. 要去住请预订，"小楼"民宿拒绝参观。

3. 小楼说她的院子里种了太多花草，一开始被大人带来住宿的孩子破坏掉许多，此后她就开始拒绝带小孩入住。

4. 小楼不提供餐饮，岛上有农家乐，但可以接受预定，她的婶婶会做很正宗的重庆菜。

### 4. 泡茶等花开

循着无边光景,我们放缓了脚步,不远处一幢生机盎然的老房子吸引了我们。门前蔷薇花娇艳绽放,一口石缸盛满河水,水面波光粼粼。拾阶却步,门口赫然挂着"只接待预订,谢绝参观"的字牌。闭门谢客,好生傲气。

在当地朋友的带领下,我们还是"闯入"了这间叫作"泡茶等花开"的神秘民宿。民宿临江而建,有着得天独厚的观景视野,这些年画乡的艺术氛围日渐浓厚,镇上也多了几分腔调,乡间民宿接连开张,但设计上最有新意的还属这家。老床被巧妙地改造成沙发,床沿生满铁锈流露着岁月痕迹;昔日农用磨具被装饰成为陈放小物件的摆设;手工制作的民族花纹撞色靠垫,时尚考究极富年代感,上一辈留下的老布头也能成为装点空间的素材。把传统与现代恰如其分融合在一起,既保留了传统文化元素,又满足了现代人生活需求的功能,正是难得之处。

这里的住宿费用并不便宜,但客人却能体会到绝无仅有的私密与舒适,民宿只接待预订,客人在这个三层空间里可以充分享受惬意。一层设有四间茶室,工夫茶具、围棋、香薰、石制扬琴,古朴雅致。推开窗户看江水缓流,啜一口热热的茶汤,香气沁鼻、令心情觉醒,往来参观的游人也只能透过窗户一窥其美(见图 2-13)。"我觉得喝茶之事也很随意,喜欢的就是好茶,在我的店里所有的茶品价格都一样,自取自品。没有服务员,没有账单,客人自行付款,完全不必拘束。"女主人赵铃方说。

在一泡茶的光景里,赵铃方这个江南女子的故事,似乎让我对生活多了些

图 2-13 泡茶等花开民宿江景

思量。和所有女人一样，赵铃方有着一个很简单的梦想，就是享受自由。她笑言经营这家民宿是把梦想照进现实的一小步。没有伪小资，没有天然呆，做自己想做的事情，归于一个词，就是茶室很风雅的名字"放下"，主人希望客人在这里可以找到放下的感觉，哪怕是片刻。大家常说，人生的阶段不可穿插，什么阶段完成什么样的事情，"梦想"二字，终究显得遥远不接地气。而她，倒仿佛是比别人多了一份"舍得"的勇气，放弃做体面的医生，认认真真做起了全职太太——每天接送孩子去市区上下学、照顾家人衣食起居。柴米油盐之外，成全了她的小小梦想。提起为何用"泡茶等花开"做店名，她轻描淡写地说，"一瞬间的念想。很多年前，旅行时突然想到这个词，如今终于有了自己的归属地，便想到用它做店名。生活不用太刻意，就像民宿的设计完全体现自己的想法。"

为了让住客有一个更大的活动空间，她计划在民宿对面的老房子里做一个书吧，每年出去淘一批新书回来与客人分享，音乐、读物，冬天在阅读吧晒太阳，夏天在客栈临江看景，不让时间在发呆中流失。除此之外，她对婆婆的手艺赞赏有加，在阅读吧的延伸空间里，打造了一个农家土灶，红烧溪鱼、酿豆腐，未来这些在自家人饭桌上常吃的农家菜，客人也能品尝到。"我是重视生活质感的人，或许有一天我能跟我的客人一起练瑜伽、写写字，那会是最理想的状态。"

天气好的时候，登上露台，又是另一种味道，瓯江与碧湖交汇的美景一览无遗。女主人精心栽种了许多可人的小型植物，各种青瓷和陶艺造型花盆、田园风格的原木花架、大清花蜡染桌布，为这些平凡花草增添了一份雅趣。时常有住客帮忙打理这些花花草草，浇水拭叶，"我不懂这盆兰花的脾气秉性，照顾得不好，有一位客人竟然帮我救活了它。"同为惜花之人，住客与女主人交流自然多了些，性情中的几分相似让彼此成了很好的朋友。夜幕降临，在躺椅上放松身心，看满天繁星点点，听江水慢慢入睡。

第二章　缙云莲都青田线——高铁站边的世外桃源

**温馨提示**

1. 距县城 30 公里。
2. 规矩挺多，不准抽烟喝酒等等，经常拒绝客人。
3. 不广告营销，只口口相传。
4. 只接待预定客人，谢绝参观。

# 三、青田民宿

## 1. 石门小院

因为是传统的打鱼人家，"石门小院"打造的是一个渔村里渔家风格的民宿（见图 2-14）。石门小院的硬件设计很好，舒适的环境，美丽的风景，这个距离丽水半个多小时路程的民宿，或者是你度假的一个好选择，体验劳作的乐趣。

图 2-14　石门小院

沿着瓯江往下游走，从龙泉到云和到莲都，最后来到了青田，这里是丽水界的最后一个县，再往下走就是温州了。瓯江到了这里又是另外一番风情。河道变窄，水流变急，然而生活在这里的人们和瓯江流域边的人们都如此相似，从前大多以打鱼为生，如今依然依赖于这条母亲河，她美丽的风景，让河边的小村落也变得美丽清秀，对于大力发展乡村旅游经济的今天，这无疑就是一笔天然的财富。位于青田石门洞景区边的高市乡石门渔村，就是这样一个村落。

石门渔村原名港头埠，2013年改名，并且整村进行了改造。如今走在石门渔村，小小村落幢幢房子都很气派，外立面加了木头，有点古寨的味道。水泥路面的村道很整洁，木头包装的路灯排在江边的小路上，为村子平添几分韵味。从村子里遗留的一幢泥墙黑瓦的土房子，你才可以看到村庄过去的痕迹。曾经这个村子贫穷而落后，人们一个个出国打工。如今荣归故里，比赛似的盖起了一幢比一幢气派的房子。石门渔村距离石门洞景区仅仅几分钟的路程，这也是村子发展民宿的关键因素——为到石门洞旅游的人提供吃和住。

42岁的陈海飞是土生土长的石门渔村人。小时候常随父亲打鱼，练得一身好水性，一个猛子可以扎到水底，灵活地像瓯江里的一条鱼。18岁开始出去闯世界，他没有像村里的很多人一样去国外打工，而是自己做起了各种大小生意。

图2-15 茶桌

按照他的说法，他什么事情都做过，打拼了20几年后，积累了一些身家，在村子进行改造的时候，他也回到老家盖起了新房子。起初是没有想过要开民宿的，陈海飞说，最早只是想盖一栋房子自己住。对他来说，多年闯荡，从小生活的家乡感情不仅没有淡薄，反倒是让他一直牵挂着。房子盖在临江的地方，每一层的阳台都可以看得见瓯江和远近的山，风景很不错。很多朋友就建议陈海飞，做民宿吧，房子这么大，条件这么好，空着可惜。就这样因缘巧合做起了民宿，取名"石门小院"（见图2-15）。

走进大门,一眼先见到吧台,吧台上摆着西班牙的哈蒙,放着咖啡机,后面的柜子则陈列着各种红酒,华侨之乡的味道已经渗透了青田的每一个角落,就连乡村的民宿,也有异国情调。然而这只是小小的点缀,整个民宿都以打鱼人家为主题。大厅里,喝茶的长桌不是通常的木头长桌,而是一艘小渔船,船身盖上木板,就成了喝茶的桌子。大厅里还装饰着船桨、虾篓、竹子做的帽子,墙上挂了木制的小鱼,让人感受到打鱼人家的生活(见图2-16)。二楼是餐厅,三楼、四楼是住宿。每个房间无论软装还是硬装,陈海飞都用了很好的装修材

图 2-16 湖畔居

料,墙请美院的学生画了淡淡的国画,房间走雅致的风格,低调而舒适。四楼的房间,陈海飞做了两个家庭房,儿童房做成船舱的形状,陈海飞说,小时候常随父亲住在船上,对船舱有着独特的情感,于是设想出了这么一个儿童房。整个房间从地板到天花板都是清一色的原木,夜里醒来,会不会真的觉得自己是住在一个波浪上轻轻摇晃的小船中?

每个房间都做了阳台,临江的房间都看得见风景。初春的寒风还有些凛冽,瓯江水是碧绿的一面镜子,不久以后,大地回春,这里将又是一番景象。

以前去石门洞玩,人们一般知道的,也就是石门洞景区和洞背村。如今,有了一个无论景色还是服务的软件都令人惊艳的渔村,去石门洞玩,又有了新的选择了吧。

**温馨提示**

1. 位置优越,地处瓯江之畔,石门洞景区举步可达。
2. 客房安排在三、四楼,每个房间均以渔文化命名,彰显特色。
3. 老板设计好多渔文化创意小玩意,木鱼、鱼灯、船桨、渔船……
4. 一楼大厅有正宗意式浓咖、法国红酒——二楼有美食包厢,可食享"国师鱼宴"。

2. 湖畔居

湖畔居农家乐位于青田县石门洞国家 4A 级景区、国家森林公园、省级风景名胜区内"浙南旅游第一村"伯温古村景区(见图 2-17)。相传,这里曾是刘伯温在石门书院求学时探古访幽的胜地。放眼望去,参天古树间,幢幢民房错落有致,白墙青瓦,蕴含着浓浓的古韵乡愁。

湖畔居农家乐是四星级的农家乐,地理位置十分优雅,周围青山绿水,生态环境保护良好,经营用房的建筑设计与伯温古村的自然环境融为一体,体现了浓厚的古色古香的独特古村风情,以及伯温易学文化、休闲养生于一身的极佳养生胜地。走进湖畔居,一个小小的院落扑面而来,院落里养着的花草和鱼,给宁静的院子平添了许多生气。一楼是餐厅,二、三楼则是住宿。以古色古香为基调,房间清幽舒适。设有豪华套房

图 2-17　湖畔居

2 间，标准间 2 间，单人间 4 间，日接待能力可达 100 多人次。

独特的伯温文化，纯正的农家菜肴，受到了本地及杭州、上海等各大城市游客的青睐与好评，是一个您不得不去的地方！

 温馨提示

1. 地处石门洞景区，坐落伯温古村太子湖之畔，距青田县城 40 公里。

2. 民宿主人真 nice，超热情，还是一位很棒的景区讲解员。

3. 民宿门前绿树葱葱，湖光山色，右边古树林立，左边是神机妙算刘伯温纪念馆。

4. 是一栋古今元素合融的中式三合院，一层美食餐厅，二三层是风格别致客房。

### 3. 阿波罗休闲美食民宿山庄

创始人徐苏坡先生，他是一名海归，一直漂泊在海外走过 27 个国家，看见国外的私人别墅那么美做梦也想拥有自己的一套别墅，他漂泊打拼了二十几年，累了，很想找到自己的归宿、很想有自己的私人别墅，有自己的窝（见图 2-18）。

这些年，他积累了一些身家，他也回到老家盖起了由他自己设计的欧式风

图 2-18 阿波罗美食民宿山庄

格的别墅。起初是没有想过要开民宿的，徐苏坡先生说，最早只是想盖一栋欧式风格的别墅房子自己住。对他来说，多年漂泊闯荡，从小生活的家乡感情不仅没有淡薄，反倒是让他一直牵挂着。房子盖好以后，别墅风景很不错。朋友来玩个个都说房子很美、花园绿色的草坪更美，空气清新，舒适而又清静。也有朋友说开洋家乐做民宿吧，房子这么大，条件这么好，空着可惜。就这样因缘巧合做起了民宿。

山庄坐落于海拔高度500米以上的山上，欧式的建筑风格给当地增添了一道亮丽的风景线，优美的养生休闲环境，更能近距离拥抱大自然。在爬满绿色的英伦风格小院里，在露天茶座上沏一壶下午茶，聆听轻柔的音乐，静静感受悠远的中国文化，或者随意的席地而坐在厚厚的绿色草坪上，眯眼看着蓝天白云无比的放松惬意！

### 温馨提示

1. 距青田县城12公里。
2. 可以为同学聚会、生日派对提供场地。
3. 订餐需要提前一天预约。
4. 可以在山庄里露天体验帐篷露营，并有KTV包厢可以让客人尽情欢唱。

4. 红枫河畔客栈

红枫河畔客栈是一个休闲旅游体验式的民宿，以古朴、典雅的装饰风格为主，后院有假山、庭院，路对面就是细水潺潺的章村港。

来到这里的人暂时远离城市的喧嚣,感受乡村生活的美好,给身心带来一次彻底的洗涤,同时游客还可以去红枫古道体验"停车坐爱枫林晚,霜叶红于二月花"的意境。

在这里,没有穿着统一制服的服务人员,却有能陪你谈天说地、热情的老板。推开窗,没有车水马龙,却有令人心旷神怡的自然风光。夜晚,枕着延绵不绝的虫鸣声入睡,早晨,在清脆的鸟叫声中醒来,好一副恬淡的景象。闲暇时,可以步行几分钟去参观一下那里的文化馆,也是个不错的选择。

温馨提示

1. 距莲都区 32 公里,距青田县城 67 公里。
2. 房屋装修都是民宿主人自己策划设计的,无不透露主人的文艺范。
3. 卧室的宽敞,木质的温度,舒适的床品,酣然入梦,一觉睡到自然醒!

## 第三节 缙云莲都青田线体验小站

**相关链接**

### 答习近平总书记问：丽水无雾霾！

在浙江任职期间，习近平总书记曾先后8次到丽水视察，并发出"秀山丽水、天生丽质"的赞美之词。"总书记对丽水的好空气和优良的环境印象特别深。"林健东提到，习近平总书记在县委书记座谈会上还询问了丽水是否有雾霾。

丽水空气质量综合指数优良率达到86.6%；空气中的负氧离子平均浓度达3000个，是一般城市的30倍以上，生态环境领先全国……那么在丽水这座"无霾之都"，都能玩些什么呢？2014年，丽水市根据9大县（市、区）不同的山水资源、民俗风情、特色文化，揭晓了十大"纯净丽水"休闲养生精品旅游线路，让游客真正在丽水享受慢生活和深呼吸。

龙泉山的纯净鲜氧、百山祖的梅雪月光，以"龙泉山/百山祖"为核心代表景区的休闲养生游线路定能让你的喉咙和身心得到最纯净空气的洗涤；而古剑、青瓷、石雕串成的"三宝"探秘游，也能让你发现一个"文艺"丽水；景宁乌饭、缙云烧饼、松阳银猴，"食享丽水游"线则能满足吃货老饕挑剔的味蕾，还原一个最真实的丽水。

## 一、食——冲击的味蕾

### 1. 烧饼

缙云烧饼是缙云县有名的传统小吃,被中国烹饪协会评为中华名小吃(见图2-19)。

用梅干菜和夹心肉在炭炉内壁上烤出来的,所以具有锅里做出来的饼所没有的独特香味,吃过一次能让你这辈子都忘不了。传说缙云烧饼的工艺,是从轩辕黄帝那儿学来的。轩辕氏又称缙云氏,当年在缙云仙都的鼎湖峰架炉炼丹,饿时就和个面团,贴在炼丹炉内壁烤着吃,香飘四野。轩辕氏炼丹成功,骑龙升天。当地百姓利用那炼丹炉,学着轩辕氏烤烧饼,如此世代承传,就成了风味独特的缙云烧饼。面粉因烘烤其蛋白质与维生素有一定的损失,但由于饼中的肉类其营养成分保存较好,其中蛋白质、维生素与面粉的损失形成互补,并含有脂肪、糖类、钙、磷、铁,有补中益气的作用。

图2-19 缙去烧饼

### 2. 缙云敲肉羹

图 2-20　缙云敲肉羹

缙云人多田少，粮食缺乏。旧时凡办筵席，羹类尤多。大体有敲肉羹、米粉羹、千张羹、海参羹等，最后进为甜羹，而以敲肉羹为最鲜。此羹细切精肉，拌以山粉，置于砧板，以刀背敲肉。锅内调上汤汁，然后将肉下锅，搅拌成羹。此羹滑、爽、脆、鲜，四味俱全，人人喜欢。"敲肉羹"是浙江省缙云县的一大特色美食，缙云无论城乡婚庆喜宴，还是逢年过节、亲朋待客都离不开这一道菜（见图 2-20）。古书上说"羹者，五味调和"，这"敲肉羹"像隐世的缙云一样，古风盎然。它既可当一道"正餐"饱食，也可作为"小吃"点缀。

### 3. 红烧溪鱼

好溪是缙云人的母亲河，盛产溪鱼，溪鱼生活在清澈无污染的好溪中，因为是野生繁殖，所以味道也特别鲜美，根本没有淤泥味。鱼肉非常可口，让人回味无穷，属缙云主要特色菜之一（见图 2-21）。

图 2-21　红烧溪鱼

## 4. 高山茭白

缙云县大洋、越陈、前路、壶镇等乡镇的无公害茭白源源不断地销往上海、杭州、宁波等大中城市蔬菜市场，日销量约 50 吨。缙云县大洋等乡镇凭借独特的气候优势，所产茭白鲜嫩脆口、质优味美，近年来逐渐在省内外市场打响了品牌（见图 2-22）。目前缙云县高山茭白种植面积已达 1.5 万亩，通过实施创品牌、树名牌战略，注册了"山啦""金水山""仙都"等高山茭白品牌。

图 2-22　高山茭白

## 5. 缙云麻鸭

图 2-23　缙云麻鸭

缙云麻鸭因全身羽毛浅棕灰色似麻雀而得名（见图 2-23）。它的广为人知，并不因为它是一道名菜，而是源于养殖。缙云饲养麻鸭的历史非常悠久，在明朝成化辛卯（1471 年）版的《处州府志》中就有记载。清乾隆年间，在缙云新建一带就已开设有孵坊，采用泥缸、木柜，以木炭加温孵化。

改革开放以来，缙云一批特别能吃苦耐劳的鸭农走出山门，足迹遍布全国 29 个省市，年产麻鸭达 5000 余万只，创造了"四万鸭农闯天下"的经济奇迹，缙云县因此被授予"麻鸭之乡"美称。

图 2-24　炖麻鸭

由于麻鸭养殖是缙云农户的主要家庭副业，因此到农家做客时，炖鸭子是家常菜。缙云麻鸭有炖、烤、炸、蒸等多种做法，尽管烧法普通，葱、姜、蒜、辣椒等辅料也是家庭必备，但由于缙云麻鸭体型较小且肉质结实，炖后鸭肉肥嫩酥烂，汤清香味鲜美，历来备受称道（见图 2-24）。

而作为一道地方名菜，"缙云麻鸭"近20年来才声名鹊起。被称为"平民厨神"的丁林基经过多年研究摸索，吸取民间数代厨师的传统工艺，自创秘方而成就了"缙云麻鸭"。他先以橘皮、茴香、枸杞、草果等10余味材料，按照独家配方熬成中草药高汤，然后将麻鸭宰杀洗净，在高汤中文火炖2个小时，让鸭子充分吸收高汤的味道，制成半成品麻鸭。然后或炸——金黄透亮的鸭子皮韧肉嫩，酥中寓香，诱人口腹；或蒸——酱紫色的鸭子酥而不烂，香气扑鼻，令人垂涎。

"缙云麻鸭"经过传承创新，家常菜搞出创意新味道，终于飞离农家的餐桌，实现批量加工制作，飞入千家万户，成为一道富有缙云地方风味的招牌菜。

1. 炸知了

炸知了是丽水名菜，知了掐头去尾去翅膀洗净后，放入热油里中炸，然后放入辣椒、大蒜、姜末及其他调位品，稍稍炒一下即可上桌。据说，外壳酥酥脆脆，肉也很鲜美，可与小龙虾媲美啊（见图2-25）！随着夏天的到来，又到了吃知了的黄金期。在丽水，几乎每家每户以及所有的酒店排档都少不了知了，几乎是"无蝉不成宴"。知了是一种高蛋白低脂肪的食物，蛋白质占了70%，尤其含有多种氨基酸。而人体有8种氨基酸无法自身合成，需要从外界摄取，而这

图2-25 炸知了

8种氨基酸都可以通过吃知了获取。中医虽然一般以"蝉蜕"入药，但其实知了肉也有着同样的功效，夏天吃知了，可以降暑、凉血、祛风、祛疹。心脑血管不好的人夏天容易犯病，而知了偏凉性，食之可以缓解病情，另外吃知了对人体脾脏也有好处。因为知了肉属于异体蛋白，肠胃不好的人吃进去，肠道消化处理会不干净，容易造成腹泻、过敏等症状。

### 2. 稀卤鱿鱼

稀卤鱿鱼，丽水人一定不会陌生，这可是丽水历史最悠久的，并且是家喻户晓的名菜。这道菜可是经过了历史的悠久沉淀，这是一道在丽水非常普遍的菜。这道菜的前身叫稀卤螟脯，螟脯是丽水方言，就是指墨鱼干。相传在北宋末年，为了纪念为民清、为民富的农民起义领袖陈希卢，处州人烹制了一道稀卤螟脯来纪念他。稀卤螟脯谐音双关希卢和民富。久而久之，稀卤螟脯直接演变成菜谱稀卤鱿鱼而一举成名。

3. 处州白莲

白莲历史悠久，距今已有 1400 多年，在我国分布很广，南北都有生长，因此在各个地区莲的物候期不尽相同。我国湖南、江西、福建、浙江等省，均是闻名的莲子产区。处州白莲是浙江著名特产，丽水白莲在古代称之为处州白莲，因其而得。白花莲藕的种子，未去壳前称壳莲，去皮除芯后称通心莲。主产于丽水市，古称处州，故名。具有粒大、饱满、色白、易煮酥等特点，为莲中之珍品。其性温、味甘，有补中益之气、安心养神、清腑润肺、聪耳明目等功效。

"处州白莲"具有粒大而圆、饱满、色白、肉绵、味甘五大特点，为莲中之珍品，其性湿、味甘、有补中之益气、安心养神、活络润肺、延年益寿等功效，是名贵的药材和高级营养滋补品。处州白莲每 100 克干物质含有蛋白质 15.9%，脂肪 2.8%，矿物质 3.9%，碳水化合物 70.1%，富含维生素 C，能提高人体的免疫力。莲子每 100 克含钙 89 毫克，含磷量可达 285 毫克，钾元素虽然不足 2.1 毫克，但在所有动、植物食品中却位居榜首。莲子又称莲实、莲米，是睡莲科多年水生草本植物莲的成熟种子。莲子从大暑开始到立冬为止陆续成熟。大暑前后采收的称为伏莲，也称夏莲，其养分足、颗粒饱满、肉厚质佳；立秋以后采收的称秋莲，颗粒细长，膨胀性略差，入口粳硬。莲子自古以来是公认的老少皆宜的鲜美滋补佳品，其吃法很多，可用来配菜、做羹、炖汤、制饯、做糕点等。

4. 丽水椪柑

丽水椪柑果实色泽鲜艳，橙黄美观，果形端正，味甜，脆嫩爽口，有香气，风味浓郁，芳香，易剥，品质极佳，耐贮运。椪柑又称芦柑，为典型的热带、亚热带常绿果树。果皮松厚，与瓤瓣显著分离。瓤瓣肥大，汁胞橙黄至橙红色，大而多汁，脆嫩浓甜，有香气，风味优美。浙江丽水市丽水莲都区是浙江省获农产品奖项最多的县（市、区），为全国水果百强县，有16个农产品荣获省（部）优以上称号22项，其中丽水椪柑为国优、部优、国际金奖产品，1996年被命名为"中国椪柑之乡"。

### 1. 山粉饺

青田山粉饺又称山粉馍糍。是浙江省丽水市青田县著名的汉族小吃，是端午、冬至、春节等传统节日招待客人的地道好点心（见图2-26）。青田人在过年或大年初一的时候最喜用山粉饺子待客，在他们眼里山粉饺是道最具亲和力的菜，既素又香。出锅的饺子入口细滑，充满浓厚的山间乡野风味，饺子的味道不再单调，更加新鲜可口。

图2-26 山粉饺

### 2. 青田麦饼

青田属于江南山区，传统上以稻米、番薯等为主食。乡民们也种小麦，但

是相对数量较少,面粉就显得比较珍贵,一般都是用来做点心类食品,其中麦饼就是青田人喜欢做、喜欢吃的面粉制作的点心。青田麦饼皮薄馅足,香酥可口,非常好吃(见图 2-27)。过去,农家都是在烧柴灶的铁锅里烙麦饼,火要烧得文,然后在饼子的两面涂上山茶油,放在铁锅上两面轮换着烙熟。

图 2-27 青田麦饼

### 3. 田鱼干

田鱼是青田的一张金名片,聪明的青田人对田鱼研究的十分清澈,田鱼的吃法也是花样百出,其中田鱼干就是最具特色的一种(见图 2-28)。青田养殖田鱼已有近 1200 多年的历史,做田鱼干更是有讲究,火候,时间都得把握得很准。为了制作出地道的田鱼干,有些村民甚至还半夜起来查看火候,以保证田鱼不被烤焦。除此之外,这其中的制作要诀还有很多。通过宰杀、盐制、干燥、配料、熏制等工序,再架起锅炉,铺上稻草,一条条刚腌制好的田鱼被放上了烤炉。经过三天的炭烤,美味的田鱼干就问世了,制成的田鱼干型、色、味俱全,熏干色如琥珀,味有奇香。现在田鱼干已经成为华侨寄托思乡之情的最佳信物,每每回国省亲都要带一些田鱼干到国外,以据不完全统计,每年从青田带往国外的田鱼干达 100 多吨。

图 2-28 田鱼干

### 4. 青田糖糕

青田糖糕是浙江青田地区一种独特的汉族传统年糕，可以说是青田第一传统名产，历史悠久（见图2-29）。过春节或娶亲人家都是必备的食品和聘礼。

青田糖糕是青田山区的土产，因为蒸糖糕的时间很长，需要很多的柴火，因此在城市里制作糖糕有点难度。糖糕

图 2-29　青田糖糕

是农耕时代的产物，它可以放很长的时间，便于保管。同时便于携带，农民上山种地和砍柴，常带上一块当干粮。青田糖糕品种多样，一般是糯米粉加红糖，叫糖糕；掺些番薯丝，叫作番薯丝糕，中间夹些五花肉，叫肉糕；还有可以随自己口味加点花生、红豆、红枣和桂花等，品种繁多，口味各有独特之处。

## 二、行——出行的替步

2015年12月26日丽水正式迈入"高铁时代"，跨入"长三角两小时经济圈"。从丽水直达温州或者金华，只需0.5个小时，丽水直达杭州缩短至1.5小时，到上海2.5小时。此外，根据规划，高铁的车票价格比汽车票价更加低廉。

在高铁试运营当天，一款绿色出行神器——新能源电动汽车分时租赁也将同时开通。游客一下高铁，即可通过手机APP搜索到最近的新能源点，自助式实现预约、租车、换车以及结算出行。莲都区新能源电动汽车分时租赁项目的开通运营，实现了和高铁的无缝对接。

## 三、游——心灵的港湾

### 1. 缙云仙都

图 2-30 缙云仙都

仙都风景名胜区：仙都，在丽水市缙云县境内，是一处集峰岩奇绝、山水神秀为景观特色融田园风光于一体的国家重点风景名胜区，国家 4A 级旅游区（见图 2-30）。境内九曲练溪、十里画廊、山水飘逸、云雾缭绕。有奇峰一百六、异洞二十七，有"桂林之秀、黄山之奇、华山之险"的美誉。仙都风景名胜区由小仙都、黄龙寺风景区、铁城、鼎湖峰、倪翁洞、小赤壁六大景区组成，由鼎湖峰、倪翁洞、小赤壁、芙蓉峡、黄帝祠宇等三百多个景点组成，总面积为 166.2 平方公里。

### 2. 缙云笕川花海

自 2016 年 2 月开始动工，占地 500 多亩，投资 1300 多万元，并于 5 月末开始营业。这片花海由知名花海设计师浙大教授何思源设计，参照的范本是日本富良野著名的薰衣草花海，花品种类繁多，持续复种，保证四季有景，再辅以观光小火车，是亲子游的绝佳去处（见图 2-31）。花海所在的笕川村保存有大量明清古民居，人口超过 5000 人，是缙云人口最多的行政村，花海就在村头，新建镇东侧 2 公里的地方——这里紧邻金丽温高速公路，金温高铁的高架桥自上穿过。各色鲜花交相辉映，值得一观。

景区配套建有休闲农家乐、特色民宿、明清民居景点、地下酒窖、淘宝购物体验街等多种服务，更有缙云烧饼、

图 2-31　笕川花海

缙云麻鸭等传统美食供应。后期，基地内还将重点规划香草园、景观湖、亲子劳作园、农业机械展示园等几大区块，旨在打造集休闲观光、餐饮食宿、农事体验、科技示范于一体的生态旅游基地。

3. 缙云大洋水库钓场（收费钓场）

大洋水库位于缙云县城东南 35 公里处的高山峡谷中，建于 20 世纪 70 年代初，海拔 850 米，水库 180 米长，46 米深。大坝里碧波浩渺，四周群峰巍然，遍山浓荫形成了一个环形的林海。水库下游的盘溪流域，深涧百丈，两边山岭叠连。相连于盘溪流域有 6 座梯级电站，汽车可达拦水大坝。大坝紧锁峡谷，截断了湍急的盘溪水。大洋水库就是利用水库下游 660 米的自然落差，进行梯级发电。自上而下凿通了几处险峻的山峰，筑成一条十多公里长的引水渠，建造了六个电站，把上下六级电站连成一线，雄伟壮观。

大洋垂钓：由于库区林茂水清，水中饵料不十分丰富，这使鱼儿格外贪馋；咬钩凶狠，从暮春到深秋都是垂钓佳期。

### 1. 莲都南明山

图2-32　莲都南明山

南明山，位于丽水市莲都区城南1.5公里，传为晋代葛洪修道之处。今山顶云阁崖刻有"灵崇"两大字，传为葛洪所书。山上寺阁掩映于丛林，古迹隐现于丹崖，素有"廊苍之胜"美誉（见图2-32）。山与城之间有碧波涟漪的瓯江穿流而过。隔江相望，寺阁掩映在丛林，古迹隐现于丹崖。对于这样一个淡雅清新之所，古人有诗写照："荷香僧院静，泉响石梁幽。古洞夸仙迹，虚亭豁远眸"。山上的云阁崖、高阳洞和石梁的崖壁上留有晋以来历朝名人、学者和书画家的珍贵题刻，其中以葛洪、沈括和米芾的手迹最为著名。明人屠隆说"好借南明一片石，同垂名字照千春"，名流题咏，丘壑生辉，南明山摩崖石刻是浙江省重点文物保护单位。丽水南明山因摩崖石刻而增光生色，摩崖石刻又因葛洪、沈括和米芾的真迹而价值倍增。现在，整个南明山风景区已以她绰约多姿的独特风貌亭亭玉立于瓯江之畔，为浙南地区增添了一处旅游胜地。

### 2. 古堰画乡

古堰画乡位于莲都区碧湖镇和大港头镇，距市区仅20公里。2005年4月在市委、市政府着力打造"艺术之乡、浪漫之都、休闲胜地"的大背景下，古堰画乡用"生态""文化""休闲"三大特色全力打造美术写生基地、创作基地、商品油画生产基地和生态休闲度假中心（三基地一中心）（见图2-33）。区块控制范围总面积15.53平方公里，核心区块面积为3.91平方公里，核心区块包括大港头镇区、堰

图2-33　古堰画乡

头、坪地、保定等范围。2008年列入浙江省重大文化产业项目，2009年古堰画乡荣获浙江省人民政府颁发的旅游强镇及浙江省委宣传部颁发的"浙江省文化产业建设示范点"等称号，是中国著名美术写生基地和中国摄影之乡主要摄影创作基地。"古堰"历史悠久。古堰是指建于南朝萧梁天监年间（502—519年）的通济堰，延用迄今已有1500余年，被称为"活着的通济堰"，国家重点文物保护单位，属于国家五级旅游资源单体。通济堰是与四川都江堰齐名的我国五大古代大型水利工程，浙江省最古老的水利建筑，其中的三洞桥是世界上最早的水上立交桥。

3. 东西岩

图2-34　东西岩

东西岩景区坐落在浙江丽水市西北28公里的千年畲乡老竹镇境内，总面积9.04平方公里，是浙江省1985年公布的首批省级风景名胜区之一，2009年被评定为国家4A级旅游景区（见图2-34）。

东西岩景区以丹霞地貌、畲族文化、革命遗址闻名于世。内有东、西两座丹霞岩峰对峙而立,景区因此得名。整个景区内有100多个景点,都是由沉积岩自然形成,景区内怪石嶙峋、峡谷幽深、奇洞密布,历史大家秦观、陆游、刘基等人,对巧夺天工的东西岩丹霞自然景观推崇备至。东西岩景区还是浙西南最早成立区委的革命老区,在黄弄村有中国军民抗日战壕3000多米。粟裕将军也曾在这里留下革命的足迹。

东西岩因坐落在老竹畲族镇沙溪畲族村境内,故而在景区内就可以欣赏到浓郁的畲族民族风情。每逢节假日,景区内会推出"三公主"迎宾、畲族婚嫁、祭祖、畲族歌舞等丰富多彩的具有浓厚畲族风情的表演节目,令游人流连忘返。而于每年农历"三月三"举办的畲族传统歌舞会以及不定期举行的民俗风情风俗体验活动,更是吸引了成千上万的游客前来观赏和体验。

4. 莲都区南明湖古城水上乐园

南明湖古城水上乐园是目前南明湖水面上唯一一处提供自驾游船服务的综合性娱乐场所,水上乐园码头位于美丽的南明湖湖畔,与古城岛隔水相望,码头停泊有数十只各种类型的娱乐船只,供游客自行驾驶游玩,岸上还有四轮陆上自行车出租,游客可以在防洪堤上自由驾驶,欣赏湖滨景观。每当夏日夜幕降临,在水上乐园开船纳凉、看户外电影是本地市民最喜爱的避暑项目之一。码头的主入口位于好溪路,新湖国际楼盘对面,这里交通便捷,每逢春季,便是油菜花的海洋,是市区范围内难得的一处赏花、拍照、踏青的好地方。

2016年新年画舫游船开始新年游湖之旅。它的航线为防洪堤码头出发,到溪口大桥后调头向塔下公路桥,最后返航,全程约为1个小时。游船的开放时间定在每天早上9点30分和下午2点30分两个班次,每人票价40元。其中,

第二章　缙云莲都青田线——高铁站边的世外桃源

身高 1.2 米以下儿童免票，但必须有监护人陪同才能乘坐。考虑到气温影响，夜游项目将从 4 月 25 日开始开放，并持续到 10 月 15 日。

### 1. 青田石门洞

石门洞景区坐落于丽水青田境内，瓯江之畔，距离青田县城 30 公里，丽水 40 公里，温州 80 公里，330 国道、金丽温高速从景区入口而过，地理位置优越，交通便捷（见图 2-35）。景区总面积 25.6 平方公里，由石门飞瀑、伯温怀古、开运灵谷、太子胜境和师姑草海五大景区

图 2-35　石门洞

组成，分布景点 200 多处，是国家 4A 级旅游景区、国家森林公园、省级重点风景名胜区和省级重点文物保护单位。

该景区发现于南北朝，兴盛于宋明清，更因明朝开国元勋刘基少年求学于此而闻名遐迩，文化底蕴丰厚。素有"洞天仙境""世外桃源"之美称。五大景区相互媲美、各具特色：奇在石门、幽在洞天、雄在瀑布、魂在文化、灵在山水、情在古村、玄在灵谷、道在太子、隐在草海。是一处集观光旅游、休闲度假、康体养生、寻古探幽、文化体验等多功能的旅游胜地。现已开放的景区景点有石门飞瀑（见图 2-36）和伯温古村。

## 2. 中国石雕文化旅游区

中国石雕文化旅游区是青田石雕元素最丰富的几个产品的组合。一是青田石雕博物馆：是中国唯一的石雕文化专业博物馆，是6000多年石雕历史的缩影，是青田展示石雕文化的窗口，收藏了历代名家佳作、现有国家级大师代表作以及八大矿区所有雕刻石品种和各种类型印章。是青田石雕的精与神，魂与魄。二是山口千丝岩石文化公园：是中国首个石文化主题公园，是景区核心的休闲场所。有中国第一个印石文化公园（以自然石、图腾柱、石印等形式表现3000多年的印石文化，是国内唯一的印石文化主题公园），"印园"集结了中国历代优秀印石文化大全。大自然的恩赐与人类的慧眼相濡以沫，它给善良的人以快乐、勤劳的人以收获。女娲补天遗石的传说，王母洒酒成石的故事，历代名人为石情动的咏叹，带给青田石雕诗一般的意境。三是中国石雕城：是中国规模最大的石雕专业市场，集各类石雕作品之大成，在这里不仅能买到精美青田石雕作品，还可以买到寿山石、昌化石、巴林石等雕刻作品。是青田石雕走向市场的一个平台。

图 2-36　石门飞瀑

## 四、购——别样的淘宝

1. 缙云黄茶

缙云山青水秀,盛产茶叶,产茶历史悠久,距今已有1000多年,其茶质优、口感好。明万历年间《括苍汇记》载,"缙云物产多茶""缙云贡黄芽三斤"。清道光年间《缙云县志》曰:"茶,随处有之,以产小筠、大园、柳塘者佳。括苍云雾茶亦为珍品"。

缙云黄茶外形色泽,金黄透绿,光润匀净;汤色,鹅黄隐绿,清澈明亮;叶底,玉黄含绿,鲜亮舒展;滋味,清鲜柔和,爽口醇和;香气,清香高锐,独特持久。

缙云黄茶多数分布于缙云海拔500~700米高山密林地带,茶叶生长地峰峦叠嶂,云雾缭绕,林木参天,泉鸣谷应,植被茂盛,土壤有机质丰富,因其得天独厚的生态条件并远离污染,是真正的原生态茶。2010年送土样到浙大土化系检测,缙云县茶叶产区的铅、铜、锌、镉等土壤重金属含量远远低于标准参考值。

传统的黄茶,用手工炒制,要在特制的铁锅内运用抖、抓、压、推、拉、磨等手法,不断灵活的变换炒制而成。每一片缙云黄茶都包容了大自然雨水的滋润、阳光的抚育,采茶人的辛勤、炒茶人的细致与用心。

### 2. 仙都笋峰茶

仙都原名缙云山，此地群山环抱，万谷云烟，山奇石异，林木葱郁，气候温和。北宋道一载为"三十六洞天之第二九洞天""天道林泉"。唐天宝七年，缙云山的独峰山一带有缤纷彩云回旋，彩云所到之处乐声悦耳，山林增辉，唐玄宗闻奏，即敕封为"仙都"。其风光宜人，主景观有七十二奇峰，二十九名洞，十八处古迹，尤其是拔地通天之势的仙都石笋，素有"天下第一笋"之称，传说轩辕黄帝在此峰顶炼丹，丹成驾赤龙升天，有诗云"黄帝旌旗去不回，片云孤石独催鬼。有时风激鼎湖浪，散作晴天雨点来"。神奇的传说，吸引着历代文人墨客，晋代大书法家王羲之，南宋诗人谢灵运，唐代书法家李阳冰，宋代剧作家汤显祖、理学家朱熹等遨游于此，并留下了不朽的杰作。仙都山清水秀，人文物美，同时也孕育了品质优异的仙都历史名茶——仙都笋峰菜（见图2-37）。

图2-37　仙都笋峰茶

### 3. 缙云土面

缙云土面，也称索面，微咸，细长盈米，由民间手工自制。烧制时可拌可炒，也可烧汤，是缙云民间节庆和待客的传统佳肴。缙云土爽面是浙江省丽水市缙云县的特产。缙云土爽面以外形均细，整齐美观，口感柔软，细滑香浓而称著（见图2-38）。是一种手工制作的面条，历史悠久，在周边享有盛名。烧制时可拌、可炒、可烧汤。因其细长、柔韧、滑软而成为缙云民间节庆和待客的传统佳肴。

缙云土面：也称爽面、索面卵。是浙江丽水市缙云县的一种传统美食。烧制时可拌、可炒、可烧汤。因其细长、柔韧、滑软而成为缙云民间节庆和待客的传统佳肴。

缙云土爽面为民间传统特产中的珍品。据《缙云县志》有关缙云土面的记载："拜年上门，先喝茶，吃糖果，

图2-38　缙云土爽面

随后吃索面卵"。这里的"索面卵"，就是指缙云土面加鸡蛋。宋代名诗人黄庭坚的《过山寨诗》中"汤饼一杯银丝乱，牵丝如缕王箸惜"说的正是缙云土面。目前，缙云土面已经走进了各大中城市，远销省内外，成为普通市民的餐桌上的一道美味食品，其爽滑的口味、纯粹的面香，受到了越来越多消费者的好评。缙云土爽面2011年被评为丽水市"处州十珍"农产品。

4. 姥姥家红薯片

红薯又称地瓜、番薯，含有膳食纤维、胡萝卜素、多种维生素以及钾、铁、铜、硒、钙等10余种人体所需微量元素和亚油酸等抗癌物质，营养价值很高，被营养专家称为营养最均衡的保健食品，并被人们誉为"长寿食品"之美称。

姥姥家红薯片是精选缙云特产"缙云红薯"为原料，根据传统模式，融入现代最新科技方式精制而成的一种红色休闲食品，未添加任何人工色素，色泽金黄，口感：香、酥、脆。保留了天然色泽和品质，颜色黄中透红，味道清香甜美，质地松脆易嚼，具有丰富的葡萄糖和多种维生素以及微量元素，是非常适合旅游休闲及馈赠亲朋好友的珍品。

### "倪老腌"辣椒酱

图2-39 "倪老腌"辣椒酱

淘宝网上响当当的"倪老腌"辣椒酱,这个品牌就是丽水莲都区走出来的,他的创始人老倪,最初是一个公务员,当年他选择了辞职下海,这一做就是数年,如今已经是淘宝网第一辣椒酱品牌(见图2-39)。

走进"倪老腌"展示地,你看到的不是产品,更多的是一种乡村文化,展馆放在大大的古民居里面,辣椒全部是纯手工制作,真正无防腐添加剂的绿色产品。该品牌从种植栽培到加工制作,都带着古堰画乡浓浓的气息。"倪老腌"提倡的是食物吃的是人与人之间的信任,是一种情感的交流,买的是一瓶辣椒酱,更多的是对乡愁的回味,"倪老腌"在古堰画乡通过旅游+互联网+农业,在莲都区树立了新模板,带动经济发展。

老倪的辣椒酱2014年一年就实现了700万元的销售额,2015年1—10月已实现800万元的销售额,真正实现了小而美,电商也疯狂。目前来古堰画乡的游客,总是不忘带走一瓶辣椒酱,仿佛带走了古堰画乡美好风景的同时,也带走了山乡人浓浓的淳朴情怀。

# 第二章 缙云莲都青田线——高铁站边的世外桃源

## 1. 青田石雕

青田石是我国名石,而青田石雕被称为"石头上的刺绣"。清代,青田石雕便屡次作为江南名产被选为贡品。青田石雕自成流派,奔放大气,细腻精巧,形神兼备(见图2-40)。基调为写实而尚意;手法有圆雕、镂雕、浮雕及线刻;工序分相石、开坯、粗雕、细雕、封蜡、润色等。青田石分布很广,而以山口中国石雕城为中心;青田石种类上百,以山口灯光冻、封门青、封门三彩、黄金耀最名贵。

图 2-40 青田石雕

## 2. 青田油茶

油茶是我国特有的木本油料树种,也是世界四大木本油料树种之一,具有很好的生态效益和经济效益。利用山茶籽榨制的茶油,是一种优质食用油,其不饱和脂肪酸含量在90%以上,而且不含芥酸,比其他食用油更耐贮藏,不易酸败。食用茶油不仅不会使人体胆固醇增高,适合高血压病患者食用,而且还具有减肥、降血脂,防止血管硬化等保健作用。青田县现有油茶21.4万亩,面积居全省第一,素有"浙南油库"之称。

### 3. 青田杨梅

图 2-41 青田杨梅

杨梅在青田县栽培已有悠久的历史,据清光绪《青田县志》载,杨梅有红、紫、白三种,红胜于白、紫胜于红,产季窟（季窟寮）者佳（见图 2-41）。有下坑梅、魁市梅、茶山梅、黑炭梅等传统品种,其中魁市梅成熟早,下坑梅品质最佳,享有盛名。

青田县温暖湿润,四季分明,雨量充沛,具有得天独厚的杨梅生长自然环境。近年来,杨梅作为县农业产业结构调整的重点发展品种,取得了快速发展,全县杨梅总面积已达 3.2 万亩,现居全县水果的第二位,将成为新的农业支柱产业"山鹤"牌杨梅采自青田县重点优质杨梅基地,经选果、包装、上市后有"杨梅之秀"的美称,其色泽艳丽、甜酸适口、营养丰富,且具有生津止渴、祛暑解闷、利尿益肾、消积开胃等保健功效。以质优、果大、味美深受广大消费者的喜爱。

每年 6 月中旬,围绕"尝青田杨梅、游瓯江山水、展侨乡特色、亮山鹤品牌"为主题会举办杨梅节,杨梅节期间举行种植经验研讨、名特优农产品展示、杨梅王评比、吃杨梅比赛、趣味竞赛等一系列活动,观光农业和旅游相结合。

### 4. 青田粉干

青田粉干是侨乡青田的传统特色农产品,盛产于青田县海溪乡,故又名海溪粉干（见图 2-42）。相传宋靖康年间,有一朱姓人家因兵乱南逃至现青田县海溪乡,因担心跋山涉水时米袋里的米泄漏,就把米烧成饭,掐成团,再压成条状以便于携带。这种形式经过一代又一代百姓的工艺改进逐渐成为今天的青田粉干。青田粉干采用优质大米为原料,经传统手工工艺精制而成,色泽明亮,如银如丝,烹饪后不粘口,不糊汤,可煮可炒,方便可口。它以独特的风味、优质的品质深受人们的喜爱,也伴随着侨乡人民走出国门受到了海外友人的青睐。

图 2-42　青田粉干

米经浸泡后磨浆,装入布袋挤压沥干,再揉搓成有韧劲,做成大块上笼,蒸半熟后放入石臼内反复翻捣,有韧性和黏性后,压扁卷成圆筒状粉干坯,放入干粉车压槽内,用千斤杠挤压,经槽下面的铁箅子,挤压出已成细粉干的粉干盘,再上笼屉稍蒸即成水粉干。将水粉干折叠成帖风干,就成粉干帖。水粉干不经久藏,而粉干帖可贮藏多年,是待客"点心"或送礼食品。

5. 欧陆风情的"纯正咖啡"

青田虽小,却是一个可以"同步世界"的地方,这个微缩了整个欧盟的地方,被誉为"中国的联合国县"。原中宣部副部长、中国文联党组书记翟泰丰对青田的咖啡作了很高的评价:"我到过全国各地,也到过世界许多国家。青田的咖啡,很正统、地道,这在其他地方是喝不到的。"青田不产咖啡,但在青田却能品尝到全世界最纯正的咖啡,这里有大大小小近百家咖啡店、咖啡吧,这样的小城在全世界都是绝无仅有的(见

图 2-43 青田咖啡馆外景

图 2-43 )。

为何一个小小的山乡小城，有来自世界各地最纯正的咖啡呢？这里的人又为何对咖啡如此热衷？是华侨，是闯荡在世界各地 120 多个国家和地区的 25 万华侨，把一个山乡小城演绎成东西方文化的交汇点。300 多年前，青田人肩挑背扛青田石，闯世界，他们不断挣回外汇的同时，也不断地把各国的特产和文化带回家乡。西方的建筑、西方的生活方式，在侨乡青田处处可见。咖啡，这种最具西方文化特色的饮品，和东方的茶文化一样，博大精深。他们带回咖啡的最初目的仅是让家乡的亲友品尝来自各国的不同风味，家乡的亲人们品尝了这种与茶有异曲同工之妙的饮品后，慢慢地爱上了这种代表西方文化的外来物。

随着咖啡店的增多，青田人对咖啡的口味、品质、产地的要求也随之增高，连加工中的每个细节，每个动作都要求到位。所以青田的咖啡，可以毫不夸张地说，是全中国最地道的，也是品种最多的。来到青田的客人，都会到咖啡厅坐一坐，喝一杯其他地方喝不到的纯正咖啡（见图 2-44）。这也是华侨之乡一道独具特色的风景线。

图 2-44 青田咖啡厅内景

## 第三章

# 云和景宁线

*山水家园，童话云和*

*风情畲乡，魅力景宁*

## 第一节　云和景宁旅行线路

**相关链接**

### 云上爱情，遇见美好

告别上海的繁华，一位大学女讲师从大都市穿越到丽水云和海拔1000米的梯田边，和爱她的村长一起将老屋改建成温馨的民宿"云上5天"。

二楼客厅的书架上，放了很多钟爱的书。现在，她有一个小小梦想：在梯田边建一个"家庭图书馆"。她叫晓芳，她想讲故事给你听。

我是武晓芳，2012年，我从繁华大都市穿越到偏远小山村，在云和梯田认识憨憨的单眼皮的村长，人生由此拐了一个很大的弯。有时候，自己也很难相信，从小学到高中一直坐在学霸区，在华东师范大学读完旅游管理研究生后，留在上海高校当老师的我，居然会嫁给只有小学同学没有初中同学的他，变成一名传说中的降服温柔村长的"女学霸"。不过，谁又能说，不是我乖乖跟在他的后面，心甘情愿被他带到前方呢？我和村主任将他家位于梅竹村的老房子改建成一个民宿。我们拿出了所有积蓄，贷了款；我们没有设计图纸、没有专业团队。我们像山上的杂草，即便无人欣赏但依然用力生长。我想让村里的大叔大婶和他们在外打工的子女以及我的朋友们看到：乡村不是荒废、静止、闭塞的；乡村是活着的、有人情味的田园老家，是最美乡愁的归宿。

我俩的爱情，朋友们都捏了一把汗。我俩的爱情，还被拍了一部微电影。

最大的感受：其他都很好，就是演员比生活中的我们美太多。别人认为我放弃繁华，是很笨的事；他们不知道，我收获的是自由支配的光阴，和一个对我很包容，很善良的伴侣。

村主任很少说我的优点，但是他在接受采访时，我偷听到了，他说我比较幽默，是随和、善良的北方女孩，虽然硕士研究生的学历对他有点压力，但我们俩就是这么合拍。合拍到结婚仪式、结婚照我们都不在乎，结婚录像虽然花800元拍了，但从来没看过。

山上的日子流淌得很慢。每天不用看日历，也不记星期几，睡到自然醒。晒着太阳看书听音乐，或者吃自制的花式早餐，品尝村主任摘的野生猕猴桃或云和老雪梨。可以在这里摘洛神花泡茶、炖桂花小丸子、研究"武氏揪面片"，坐在壁炉前看美剧，自得其乐。

很多人都会认为，我从上海来，放弃都市生活，都30多岁了还一切从零开始，是一件非常笨的事情。我想说，我要的不是成功，而是看到生命的奇迹。

村主任和民宿是我生命当中的奇迹。

# 一、云和景宁线区县魅力

## 1. 云和县：保护真山水 书写新童话

云和县，地处丽水市中部，丽龙高速穿境而过，离丽水市中心仅半个小时车程，交通便利（见图3-1）。云和山脉有南部的洞宫山脉和北部的仙霞岭山脉余支，海拔千米以上山峰有184座，多山的地貌造就了中国最美梯田——美丽壮阔的云和梯田，这里层层迷宫似的梯

**图 3-1 云和高速**

田在海拔200~1400米不等的山峦里蜿蜒盘旋，最多可叠700层。雨后，河水蒸发的雾气，笼罩在梯田上方，随风轻轻浮动，形成海市蜃楼般的农田美景。云和还是"中国木制玩具之乡"和"中国木制玩具城"，在这个小城随处可见精美的木制玩具，做工精细，造型别致，使人宛如来到了童话之都。

八百里瓯江，是"海上陶瓷之路"的起点，宋元时期，瓯江云和段两岸窑坊林立，烟火相望，运瓷船帮帆影浮动，纤号声声，地处瓯江上游的云和，山水缠绵，商贾云集，成为瓯江流域一颗璀璨的明珠。如果把瓯江比作天鹅的曲项，碧波荡漾的云和湖，便是挂在曲项上的祖母绿玉坠，拥有"中国马尔代夫"之称的赤石景区、被誉为"瓯江文化博物馆"的仙宫景区，就像是镶嵌在玉坠上的一对蓝宝石，质朴无瑕。

云和县按照"一城、一湖、一梯田"的旅游发展空间布局，明确打造云和湖休闲养生、云和梯田农耕体验、安溪雾溪畲乡风情等三条精品旅游线路。发展"看有风景、住有情调、吃有味道、玩有趣味"的农家乐乡村休闲旅游业。

据了解，云和县建的农家乐民宿85家，依云和梯田而建的农家乐民宿就有65家，民宿床位达3635张，从业人员1755人。

"山水家园，童话世界"，云和必将通过饱蘸绿色的笔触，描绘一幅"真山水、新童话"的美丽画卷。

### 2. 景宁县：创造一个让游客可以"吃住游一体化"的环境

图3-2 景宁高速

景宁地处浙南山地中部，洞宫山脉自西南向东北斜贯，峰峦耸立，千米以上山峰近800座（见图3-2）。地形复杂，地势由西南向东北渐倾。地貌以深切割山地为主，发源于洞宫山脉的瓯江支流小溪，自西南向东北贯穿全境，将县境分为南北两部分，形成两岸宽约124.6公里的狭长带，构成了"九山半水半分田"和"两山夹一水，众壑闹飞流"的地貌格局。畲族文化丰富多彩，具有鲜明的民族特色。有优美动人的神话传说和民间故事，粗犷朴实、奔放刚健的舞蹈，富有哲理的谚语，工艺精巧的刺绣编织等，尤以民歌为胜。1949年以前，民歌、传说故事多口头流传，也有手抄本。1949年以后，经发掘整理，艺术水平提高。畲族自治县建立后，文化活动内容更广泛，形式更多样。

随着美丽乡村建设的深入推进和国家4A级景区的成功创建，到大均乡村休闲旅游的游客与日俱增，景宁县鼓励开办农家乐已成为当地农民增收致富的新渠道。

县政府决定在千峡湖畔打造一个高端乡村旅游民宿示范点，打造成能满足高端乡村休闲旅游和公务接待需求的农家乐（民宿）接待场所，与闹市和乡村远而不离，特别清幽，看得见山，望得见水，乡愁深然。同时以畲乡绿道为代表全力构建起"住民宿、骑绿道、赏美景，享受幸福生活"的新景象。

"看有风景、住有情调、吃有味道"这样的旅游线路，你是否也愿意来走上一遭，住上一晚？

## 二、旅游线路

### A 线——山水人文风光

| 日期 | 具体行程 | 住宿 |
| --- | --- | --- |
| D1 | 莲都出发抵达云和，云和下高速后前往游览省级森林公园，浙江省第二大人工湖-【仙宫湖】（车程约60分钟，游览时间约2小时），该森林公园以森林、湖泊为主体，集洞府飞瀑、民族风情和名胜古迹于一身，湖中有"开心岛""聚仙岛""七星岛"等大小岛屿，两岸茂林修竹，以针阔混交林为主，景区山清水秀，风光旖旎，冬暖夏凉，空气清新，水质明净，气候宜人。用餐后适时入住民宿 | 云上五天 |
| D2 | 早餐后集合前往景区，游览华东最大梯田群，参观中国最美梯田——【梅源梯田】（车程约30分钟，游览约1.5小时），领略四季梯田的魅力，拍摄梯田之余还可以拍摄梅源原始独特的村庄及变化多端的云雾，创作内容非常丰富，景色变幻莫测。中餐后前往景宁大均【中国畲乡之窗】（车程约50分钟，游览约2小时）参观游览，饱览老街风貌，领略千年古樟，欣赏【畲族婚嫁表演】，体验【大均浮伞漂流】 | 浮伞仙居 |
| D3 | 早餐后参观畲族【民俗博物馆】，感受畲族独特的民族风情，后赴金奖惠明茶古茶遗址地——【惠明寺】（车程约40分钟，游览时间约1小时），该寺建在敕木山亚峰惠泉山上，建于861年（唐咸通二年），因惠明和尚而得名。据传，当年寺僧与畲民在寺院周围劈地种茶。景宁惠明茶即产于此。今存古茶一株，在寺址后 | 自选 |

## B 线——探险摄影

| 日期 | 具体行程 | 住宿 |
|---|---|---|
| D1 | 中午抵达童话云和,下高速后前往【仙宫大穿越】景区,仙宫景区作为丽水首家以体验欧美生活方式为主题的户外运动主题乐园"仙宫大穿越"全面推向市场。以仙宫景区的湖湾景色为依托,健康环保时尚的运动方式为载体,以"人与自然互动"为理念,打造一个健康快乐的文化氛围和休闲方式,让旅游者在大自然亲密接触中感悟生命、释放压力、冲破束缚。晚餐在仙宫舫用餐,吃农家乐特色菜肴,后适时入住 | 仙宫舫 |
| D2 | 早餐后前往【云和湖瓯江帆影摄影创作基地】,位于云紧公路和丽龙公路旁,交通便利,水面辽阔。湖湾曲折多变,烟波浩渺,仍保留着浙江瓯江的自然特色风光,景色层叠。早晨会有层层浓雾笼罩在湖面上,远看似云海般,故有"云和湖奇雾"之美誉。中餐后前往景宁民俗旅游村寨【封金山】,位于景宁县澄照乡境内,距景宁县城5公里。文物保留众多,为浙江省畲族民俗风情采风基地、国际民俗摄影采风基地。以其独特的民族风情和优美的山水生态吸引众多游客前来参观,因此也被游客誉为"畲族的桃花源"。晚餐后参加【篝火晚会】适时入住民宿 | 清风湖农庄 |
| D3 | 早餐后前往"华东第一大峡谷"之誉的【炉西峡】,感受山峰奇秀,沟壑纵横,山峦蜿蜒叠翠,原始林木奇俊秀丽的景观。领略原始自然的生态环境 | 自选 |

# 第二节　云和景宁线相关民宿介绍

**相关链接**

### 从"Home stay"开始做民宿

近年来，景宁民宿如雨后春笋般冒出，主题化民宿异军突起。然而，部分民宿服务内容单一、经营理念陈旧等问题逐渐暴露，生意方面由此出现了冷热不均的迹象。服务内容、经营理念存在短板，让民宿经济遭遇"成长的烦恼"。未来民宿要谈的是生活民宿，要有家（home）的感觉，又要创造自己的风格与特色、与客人分享自己的生活，让客人找到留下（stay）的理由。"来自南投县观光协会的赖聪耀表示，优质的民宿，是让人感受到当地人的淳朴和暖暖的家的感觉，是记住乡愁的地方。

南投县是台湾知名的乡村民宿游览地。景宁多山，地域条件与台湾相似。三月三期间，景宁县还邀请了一群来自台湾南投和花莲地区的旅游界人士，考察民俗文化、畲寨旅游资源，探讨民宿如何助推乡村游升级，并为景宁的民宿发展"把脉问诊"。

为进一步学习借鉴台湾民宿成功经验，打造民宿文化互动交流的平台，景宁县的珑月居民宿、云中山月民宿分别与南投县的九族民宿、宝旺莱六号花园酒店签署了合作协议，缔结"民宿良缘"，共谋利好发展。

# 一、云和民宿

## 1. 云栖木屋

图 3-3　云栖木屋

静谧的云和湖畔，17幢红色的小木屋点缀在青山中，隐隐约约，若隐若现，充满神秘而浪漫的色彩，你尽可以在这里亲近大自然、拥抱大自然、融入大自然（见图3-3）。这是丽水市云和县赤石镇赤石村的云栖木屋，有人说，这里的一花一草一木一凳一椅一拐角，都充满清新、恬静与浪漫。早上醒来，推开落地窗，面朝云和湖，闻着氤氲茶香，看远方雾色缭绕，心情豁然开朗，就连雨声也回归了诗意。

坐在木屋前，晨起可观云雾，日落可见湖景；可在木屋中开窗望绿，也可在湖水间徜徉垂钓。在这里，一切都洗净铅华，复归本真（见图3-4）。这样的生活方式，好不惬意！

然而，你知道吗？这个高端民宿的所在地，原本却是一片闲置的村集体荒地，经过盘活才有了今天的"华丽转身"，赤石人把他们的绿水青山变成了金山银山。这一切，得益于当地政府部门为发展民宿经济所提供的"方便"。为进一步发挥空闲农房效益，增加农民财产性收入，吸引都市人来农村休闲养生，云

图 3-4　云栖木屋院内

和县出台了一系列政策，鼓励发展民宿，允许一户一宅的农户部分闲置房屋进行全县范围跨村流转，鼓励盘活产权为村集体所有的旧校舍、礼堂、厂房等闲置房屋，以租赁等方式用于农家乐、民宿等经营活动。

赤石人抢占先机，紧密依托交通便捷、云和木玩起源史、"中国马尔代夫"云曼酒店的辐射功能，发挥山水资源优势，积极探索低碳环保的生态旅游发展方式，打造云和民宿旅游"升级版"，拿下云和第一个木屋建设的任务，成功引领了云和民宿经济的发展。

如此一来，空闲农房便能发挥它的经济效益和社会效益，一方面给农户增加收入，另一方面又能实现城里人进农村享受好山好水好空气和悠闲、恬静生活的愿望，带动新农村建设，促进城乡协调整体全面发展。

**温馨提示**

1. 每一间木屋都是湖景房，三种房型设计，订一个房间，意味着订下了一栋木屋。

2. 如果不喜欢木屋，还有酒店式装修的湖景房。如果愿意走出房间再看湖景，还有200多元的普通间可选。

2. 仙宫舫

云和仙宫舫渔家乐位于云和湖仙宫景区十里云河游线，是一艘集吃、住、游、娱、购于一体的仿古画舫（见图3-5），吃：设有可供200人同时用餐的水景包间和大厅（见图3-6），住：拥有12间古色古香的亲水标间，游：可乘坐

图 3-5　仙宫舫渔家乐

图 3-6　仙宫舫渔家乐

瓯江古老舴艋舟游十里云河。这里，湖面宽广，湖水清澈，群山叠翠，修竹摇曳，古樟古埠，村舍小船，瓯江风光尽收眼底，让您心旷神怡！每当雨过天晴、早晚、春冬时节，山上云雾萦绕，水面细雾袅娜，湖中轻舟荡漾，湖光山色倒影水下，宛如人间仙境，俨然是一幅秀丽而淳朴、宁静而自然的山水画卷，让您流连忘返！

### 温馨提示

1. 渔家乐还提供餐饮，味道不错，有现捕的鱼，味道鲜美，价格还算适中。

2. 毕竟不是正规的宾馆，卫生一般。

### 3. 田园牧歌

云和县梯田景区田园牧歌农家乐，又名摄影之家（见图3-7），位于云和县梯田景区内，内设停车场，餐饮住宿休闲为一体，可容入百人用餐，有当地土鸡土鸭土猪脚等山村野味菜肴，健康美味。适合团队及个人自驾游者，比邻白

第三章　云和景宁线

图 3-7　田园牧歌农家乐

图 3-8　田园牧歌农家乐

银谷、七星墩、白鹤尖、九曲云环等景点，五分钟到达附近景点，农家乐住宿房间可直接观看到日出，闹中取静，交通出行十分便利。客栈共设有 10 余间客房，且每个房型都各不相同，房间设施齐备，温馨雅致、古朴自然，超大玻璃窗，采光极好（见图 3-8）。独立高档卫浴，电视。24 小时无限量热水，以及全棉高档精致床品，无线高速 Wi-Fi 覆盖整个农家乐，给您旅行中家的感觉。

**温馨提示**

1. 位于梯田景区内，非常方便。
2. 客栈老板在小纸片上盖个章，景区的门票可以打五折。
3. 距离日出云海开车 5 分钟。

4. 隐想家

该酒店位于云和梯田游客中心，是云和县首家生态酒店。酒店设计独具匠心，徽派建筑，古色古韵，总面积 4000 多平方米，服务设施齐全。集住宿、餐

图 3-9　隐想家梯田民宿外景

饮、会议、涉外旅游于一体，其内拥有装修豪华、设施先进的豪华套房、标准间、豪华房、亲子房等 60 余间（见图 3-9）。

素有"山水家园，童话世界"之称的云和，因为梯田、云海、山村、飞瀑、竹林，近年来给了旅行者非来不可的理由。隐居梯田民宿就坐落在云和梯田景区内，位置得天独厚，环境自然生成。民宿整体呈徽派建筑风格，清新典雅，总面积 4000 多平方米，集住宿、餐饮于一体，内设豪华套房，标准间，豪华房，亲子房等 60 余间（套），宽敞明亮，干净整洁。酒店大厅、咖啡厅、特色文化主题餐厅也都以古色古香的文化韵味让访客驻足，不觉让人有"白鹤青岩半，幽人有隐居"之意（见图 3-10）。

图 3-10　隐想家梯田民宿内景

选择民宿方式，是一种生活态度，也是一种待客态度。与传统酒店的经营模式不同，云和隐居梯田更希望与宿客之间建立一种亲密的往来，除了安排观光景点，更多的是提供人情味、乡土味的休闲体验活动，品尝独特的农家菜肴，放慢脚步，亲近自然。

温馨提示

1. 在云海梯田景区中比较好的酒店。
2. 酒店在景区大门边，要看梯田还要驾车走半个小时的盘山道。
3. 徽派建筑，乡土气息浓厚。

## 二、景宁民宿

### 1. 白云尖度假村

景宁"白云尖度假村"地处景南乡白云尖主峰下,省道直通,交通便利,距离白云尖景区入口处仅500米,首期投资近两千万元,于2015年五月建成(见图3-11)。"白云尖度假村"以服务八方游客为主,共有39间标准客房、9栋别墅以及娱乐歌厅等配套服务项目,

图3-11 白云尖度假村外景

是一个集娱乐,休闲,会务,度假,餐饮于一体的综合型度假村,度假村设施完善,能同时容下100多人住宿和用餐,大小会议室3个,同时度假村内配置

图3-12 白云尖度假村内景

有包厢、棋牌室、歌厅等。度假村自己拥有蔬菜种植基地2个,可以让客人随时吃到有机蔬菜和山上野味(见图3-12)。度假村周是当地规模最大、设施最全、服务最完善的旅游度假接待场所,可为游客提供吃、住、行(导游)等全套服务。

**温馨提示**

1. 近乌岩岭国家级自然保护区。
2. 从景宁市中心出发50公里的山路开了一个半小时,是景宁县的最南面。
3. 真山真水真空气,大山中的世外桃源。

2. 浮伞仙居

图3-13 浮伞仙居特色大床房

浮伞仙居位于大均乡峦后弄。坐落在国家4A景区——中国畲乡之窗景区内。民宿与大均浮伞仙渡传说、孝道元素相结合,游客可体验特有的文化历史韵味。民宿内设有特色大床房(见图3-13)、标间(见图3-14),每个房间都各具特色,艺术气息浓郁。顶楼设有特色观景套房,在远离都市光污染、雾霾的夜间观赏星空。

大均乡历史悠久,文人荟萃,景点名胜,旅游兴旺。古有大均八景:杰阁撑云,均潭印月,汤尖挺秀,鸦顶开祥,龙岗叠翠,坟树围青,屋崖瀑布,洋滩雪浪。这么多的美景绝对是旅游首选之地。

图3-14 浮伞仙居标间

第三章　云和景宁线

温馨提示

1. 民宿内每个房间都各具特色艺术气息浓郁，房源紧张，入住前先电话咨询。
2. 顶楼设有特色观景套房，夜晚可观赏星空。
3. 不可携带宠物，不支持信用卡支付。

3. 畲风居

穿过大均景区，三四分钟的行程，就来到了泉坑村。这是一个下山脱贫的村庄，崭新的畲族特色的新房子排成几列，依山傍水，清静而舒适的村庄，民宿"畲风居"就在这里（见图3-15）。

80后的村民张益锋，原本是在外地做生意，生意做得不错，积累了一些资

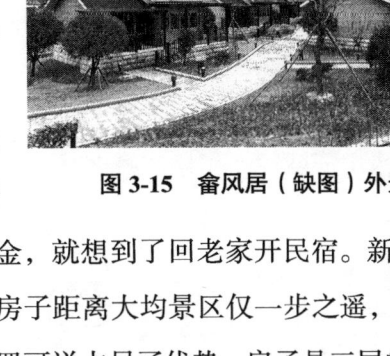

图3-15　畲风居（缺图）外景

金，就想到了回老家开民宿。新搬迁的房子距离大均景区仅一步之遥，地理位置可说占尽了优势。房子是三层的新房，一楼是接待的吧台、喝茶的茶座以及公共休息区域（见图3-16）。二楼、三楼则装修成客房。相比个性独特的民宿，畲风居少了一些个性，但还是相当舒适

图3-16　畲风居内景

· 83 ·

的。线条简洁明了的家居，坐感舒适的沙发，床品是一尘不染的洁白，配合米白色的窗帘，暖色的床头灯，窗外看出去就是山。删繁就简，清雅简单。

主人还给"畲风居"添加了一些畲族的元素，打造一个"畲族风情特色居住场所"。主人希望靠近大均景区的自家民宿，是一个有畲族特色的民宿，不仅外地人喜欢，本地人也可以来度假休闲。

*温馨提示*

1. 入住时间：14：00 以后 离店时间：12：00 以前。
2. 不可携带宠物。
3. 入住时需要出示政府核发的身份证件（带照片）。请携带信用卡和现金用以支付押金或额外费用。

4. 听泉山庄

听泉山庄坐落于中国畲乡之窗——大均乡伏叶村，占地三千多平方米，绿树红花、流水喷泉，美不胜收。漫步在乡野石路，解乏的徐徐清风，耳畔的潺潺流水，水底嬉戏的娃娃鱼，以及宽敞的山庄庭院，古色古香的听泉主楼构成了一幅雅致的水墨画（见图3-17）。

图3-17 听泉山庄外景

明亮舒适的一楼大堂有着独具匠心的四壁装饰，整齐摆放的古朴方桌，各具特色的包厢，边品尝特色菜肴边欣赏落地窗外的田园风光，让人仿佛置身世外桃源。二三楼是古朴雅致的客房，十二个别具一格的房间，透过舷窗，伏叶的美景和远方的青山扑面而来（见图3-18）。

这就是听泉山庄，追寻乡村野趣，扮靓生态庄园，是现代和传统的无缝衔接，休闲和娱乐的完美统一。

图 3-18　听泉山庄内景

温馨提示

1. 地方比较偏，周边设施不完善。
2. 进去的路有点窄，两车交汇较困难。
3. 真的可以听泉，而且泉水很清。

## 第三节　云和景宁线体验小站

**相关链接**

### 竹竿晒蛋

竹竿晒蛋，是畲族民间的一种带神秘色彩的绝技。畲家庭院，鼓乐奏起，畲族老者头扎红头巾，手舞足蹈，口中念念有词，用手一抹竹竿，然后用一枝小树枝在碗里蘸点清水，竹竿上比比画画，对竹竿指指点点，一边念密语，一边从瓷碗中取出一只鸡蛋，小心翼翼地在竹竿晒上。这是游客可参与的趣味性项目，游客可以亲手一试晒蛋的奥秘，体验如何把鸡蛋晒在圆滑竹竿上的神奇和乐趣。

## 一、食——冲击的味蕾

### 1. 云和雪梨

云和雪梨又名细雪花梨，皮薄水多，酸甜适中，清凉可口，是云和县传统名果，至今已有560年的栽培历史（见图3-19）。老品种云和雪梨闻名遐迩，盛产在民国时期，"云和雪梨酒"还获巴

图3-19　细雪花梨

拿马国际博览会铜质奖,为云和雪梨扬名立传,早先云和雪梨主要销售市场是温州,被视为"水果之王",以至于温州、青田城内遍设梨行。

2. 云和花菇

云和花菇型好、肉厚。年产量达3500吨。保鲜花菇远销日本、东南亚等。花菇是香菇中的极品,营养系香菇的五倍左右,内含有10余种人体必需的氨基酸,丰富的蛋白质、碳水化合物、钙、磷、铁、硫胺素、尼古酸等,系珍贵补品(见图3-20)。常食用花菇能滋阴补肾、润肺、强身活血、健脑补血,可防止肝硬化和血管硬化,降低血压、血脂,对癌细胞有强烈的抑制作用,是糖尿病患者的"食疗",更能促使儿童骨骼和牙齿的发育。

图 3-20　云和花菇

3. 云和黑木耳

图 3-21　云和黑木耳

云和黑木耳是当地著名的土特产,分布广泛,产量高,品质好。黑木耳是一种营养丰富、风味可口的菌类食品,营养丰富,味道鲜美,是人们喜爱的农产品有清肺益气、补血活血、镇气止痛等功效,并能缓解痔疮出血、崩漏、产后虚弱等症状(见图3-21)。

4. 油筒饼

图 3-22　云和油筒饼

"油筒饼"为云和所特有。一般是秋冬季南瓜、萝卜收成,茶油上市(早米水粉随时可磨),原料齐备。这时,人们就会想起泡油筒饼了(见图 3-22)。

洞筒饼制作简单:只是要特制"油筒提"三四只(圆筒、平底、老酒杯大、高一寸,安提柄),小平锅一只。锅内装茶油浅半锅(一寸半深浅)。加热滚沸时,油筒提装满早米水粉(水米粉不能太厚,有一定流动性),用手提着,浸入油锅八分,略烫一会,筒内四周附着薄薄一层米粉,油筒饼的壳身已形成,即将筒内多余水粉倒回水粉缸内,馅入南瓜丝或萝卜丝(拌入青葱或辣味),与筒饼壳身齐平时,上面再盖上一层薄薄的水粉、没入油锅中,一俟上盖一层水粉转黄变硬,与壳身结合,即可脱筒,将饼倒向油锅里滚炸,当饼色现出金黄色时,就可以出锅,趁热享用,奇香扑鼻,松脆爽口,清淳甘辣,妙不可言。

1. 乌米饭

乌饭是畲民从山地里采来的野生乌稔树的嫩叶,置于石臼中捣烂后用布包好放入锅中浸泡,然后捞出布包将白花花的糯米倒入乌黑的汤汁里烧煮成的饭。

畲族乌饭名副其实,吃起来连碗筷也被染粘成乌黑色。不过它的味道相当不错,吃一口清香糯柔,细腻惬意,别有情趣。倘若将乌饭贮藏在阴凉通风处,则数日不馊。食用时,以猪油热炒,更是香软可口,堪称畲乡上等美食(见图3-23)。

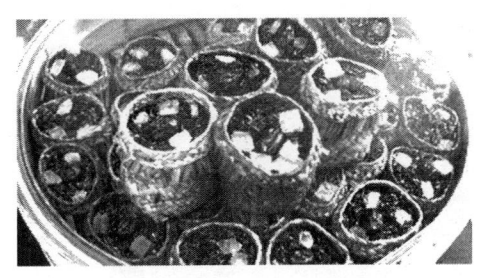

图 3-23　景宁乌米饭

2. 糍粑

图 3-24　景宁糍粑

畲族过年、做"七月半"和冬节都要制糍,取意时(糍)来运转,生活年年(粘粘)甜。糍粑的做法是:将浸泡一天后的糯米滤干水,放到木甑里蒸熟。倒入石臼捣烂,捏成小团或饼状食用。畲粑,即畲族糍粑,是畲族男女老少皆宜的一种特色小吃(见图3-24)。

买畲族糍粑的小贩骑着装着糍粑的小车穿越在大街小巷,用当地方言编出一段段押韵的吆喝声。看着小贩将热乎乎的白色糍粑,裹上由白糖、红糖粉、花生碎混合均匀的蘸料,食欲立刻被激起。将其咬在口里,又软又黏,米香夹着甜味,亲切的口感让你吃完一口还想接着下一口。

3. 豆腐娘

豆腐娘这个名字,其实就是豆腐之母的意思,磨好的豆腐娘过滤后,煮好,

图 3-25 景宁豆腐娘

下卤水卤过，用滤布和豆腐架过好，就是豆腐。豆腐娘名字好听而古怪，然而制作简便，经济实惠，营养丰富，味道鲜美，是浙南独有的特产（见图3-25）。制作上，当年的嫩豆是首选，味道特别鲜美，上年的老豆子次之，陈年的豆子就略差些。但是比较起来，陈年的豆子做豆腐娘也好过做豆腐。因为，豆是自己种的，家中又备手磨，随时可以制作，简便便利。山区人民好客，不论平时是否来往，只要你到了山村，"进门便是客"，主人都会热情接待。"山头地方"除山蔬野菜外，高级食品——当家菜豆腐娘请客，已是传统美俗。图片上中间填的才是豆腐娘。

4. 粉皮

粉皮在畲乡景宁是一道家喻户晓的美食，是人们吃早餐时的至爱。制作工序较为简单，主要原料为大米（见图3-26）。先选择优质大米，按比例掺水浸泡七八个小时后，用磨浆机搅拌成米浆。以前没有磨浆机，用石磨磨米浆虽然烦琐，但味儿更佳。接下来就是蒸粉皮了，也叫"炊粉皮"。蒸粉皮要准备好蒸锅和蒸具，保证蒸锅密气、受热均匀。待蒸锅中的水烧开后，放上蒸具，紧贴着蒸具铺上一块浸泡好的白蒸布，最后往蒸布上倒上一层薄薄的米浆，盖

图 3-26 景宁粉皮

上锅盖,利用水汽蒸熟。蒸粉皮虽然步骤简单,但是要做出形薄、透明、滑嫩的粉皮,还需掌握好火候,火候不到不熟透生浆不好吃,火候过了蒸出的粉皮粗糙不够滑嫩。

在景宁,人们还喜欢将粉皮和豆腐娘和起来吃,根据个人口味加入小葱、香菜、酸菜等调料。一碗简简单单的粉皮却有着十足的美味,是一道健康的早餐。

## 二、行——出行的替步

云和对外交通,通信便捷,属杭州四小时交通圈内。53省道丽浦公路横穿而过,与52省道云寿公路相交,已建成丽龙高速云和段,用以连接金温铁路和金温高速公路等,全县通车里程达250公里,乡乡通公路,已形成便捷的交通网络。

**交通指南**

自驾车游客:上海、杭州等地可由杭金衢高速公路到金华转入龙丽高速、长深高速后入云和转云景高速至景宁县城。

自助游客:上海客运总站每天有一班客车发往景宁。杭州汽车南站每天有三班客车到景宁。杭州火车站每天也有班车到丽水,再到丽水汽车西站转汽车到景宁县城。

## 三、游——心灵的港湾

### 1. 慧云讲寺

图3-27 慧云讲寺

位于云和局村之溪口村对岸。1993年由民宗部门正式批准60多平方米的"景莲堂"为宗教活动场所（见图3-27）。后来由虔诚的陈云娟居士发心筹资，共募集400多万元。2001年6月开始征山动土，2005年始建新大殿和僧寮。2007年11月21日，大雄宝殿落成开光。"大雄宝殿"四个金光灿灿的大字，那是中国佛教协会副会长、江苏灵岩山方丈明学长老提写的。普陀山方丈道生书"瓯江胜境"；中国佛教学会高僧怡藏敬书"慈航普度"；九十四岁高僧留下"山谷幽兰"的水墨佳画。

### 2. 长汀沙滩

长汀村依托山水资源优势，投资200多万，在云和湖畔建成近千米的沙滩景观带，总面积达3万平方米，成为"十里云河"风景线上新的景点（见图3-28）。经过三个多月时间的精心打造，以"阳

图3-28 云和长汀沙滩

光、湖面、沙滩、音乐"为主要元素的云和湖长汀沙滩备受热捧。非洲鼓、吉他、尤克里里、萨克斯等精彩表演带领游客享受了美妙的音乐狂欢之旅,沙滩帐篷露营、烧烤活动、书法作品展览以及瑜伽表演也让游客赞不绝口。

3. 石浦花海

**图3-29 石浦花海**

云和县紧水滩镇石浦村坐落在美丽的云和湖畔,这里青山含黛,湖光映秀。去年冬天,有关部门携手帮助石浦村引进了观赏花项目,为古镇旅游添姿着彩。

石浦花海位于村尾大田畈中,全畈田园100余亩,其中经典花卉50余亩,试种了薰衣草、鼠尾草、金鱼草、百日草、马鞭草、硫华菊、矮牵牛等,根据花品布局,分成紫色浪漫、五彩斑斓和缤纷世界三大赏花区块(见图3-29)。

1. 云中大漈

云中大漈景区,位于景宁县中南部,海拔1030米,的中高山盆地内,年平均气温13℃。境内丘峦多姿,田园村落景致宜人,四周群山环绕,烟雾弥漫,被誉为"云中桃园"(见图3-30)。景区内有:建于南宋时期的全国重点文物保

图 3-30 云中大漈

护单位时思寺；树龄达 1500 年的亚洲之最柳杉王；"浙江绿谷十佳景点"之一雪花漈；景宁县第一高峰上山头千亩猴头杜鹃林；有"江南第一梯田"的小佐梯田；还有护关桥、胡桥、银坑洞等。明朝银矿遗址等众多历史古迹和自然景观。这里在明清时期曾出过 9 位进士、23 位举人，有一直沿袭至今的"抢猪节""大漈罐""花鼓戏"等民俗特色文化。

2003 年被授予国际民俗摄影创作基地称号。2008 年被授予中国民族艺术家采风创作基地称号，是万亩冷水茭白核心基地。这里文化底蕴深厚，自然风光秀丽，生态环境优越，是理想的旅游度假休闲养生避暑胜地。

2. 敕木山

敕木山位于景宁县之东南十里，属洞宫山脉，海拔 1519 米，高接云霄，邑之镇山，远望可数百里。有敕峦霁雪、石乳洞、石井、石龛、小石碣等胜迹（见图 3-31）。

敕峦即敕木山主峰，隆冬积雪，经月不化，登临远眺，四野冰封雪裹，如同置身北国。由敕峦东侧石壁间蹑足下行二三百步，有悬崖如垂乳，中有洞穴，即石乳洞。崖勒"浣香泉"三字，笔致

图 3-31 敕木山

腴润，款识模糊，不知何代何人所书。另有乾隆年间崖刻，记海宁曹汉文造石井事，计20余字。井旁有石龛，高3米，宽6米，深进6米。柱雕龙，额凿字，中塑仙女汤妙玄坐像。相传宋高宗偏安临安时，邑中有汤氏夫人显厥灵异，运木于朝，以资国用。高宗大喜，降敕褒封，故名敕木山。

### 3. 千峡湖

千峡湖，浙江省第二大人工湖，横跨景宁、青田两县，湖面面积70多平方公里。湖区内峡湾众多，峡深谷高，蜿蜒曲折，景色绝美（见图3-32）。沿途可见的各种各样的峡谷地貌，夫妻峡、将军峡等让人浮想联翩。高处俯视，千峡环湖，景观壮丽，犹如一块碧玉镶嵌

图3-32　千峡湖

在浙江大地上。千峡湖是"山水浙江、诗画江南"旅游黄金线上的一颗新明珠，是山水与风情融合的经典。

### 4. 畲乡绿道

图3-33　畲乡绿道

畲乡绿道起点位于溪口，终点位于大均"畲乡之窗"4A级景区，途经扫口、大赤坑口、伏叶等地，全长约13公里绿色骑行（见图3-33）。

## 四、购——别样的淘宝

木质玩具

1. 云河木玩

图 3-34 云和木玩

云和人民心灵手巧、热情好客,具有丰富的想象力和创造力。改革开放以来,云和玩具人充分发挥了自己的创造力,使木制玩具业蓬勃发展(见图 3-34)。云和木制玩具产业经过 30 年来的不断努力,终于发展成为中国木制玩具产业的旗舰,引起了业界的广泛关注,而三届"中国木制玩具节"的举办,极大地吸引了欧、美、东南亚等地的业界商家,更使这艘主力舰乘风破浪地驶向世界经济大潮中去。

2. 云河绿羽茶

云河绿羽茶是浙江省丽水市云和县的特产。云河绿羽茶以其外形扁平光滑、均匀整齐、芽锋显露、色泽翠绿和汤色杏绿、香气浓郁、滋味甘醇的特点而畅销全国各地。

云河绿羽茶产于云和县朱村乡,是云和县继仙宫雪毫等之后新近开发研制的地方名茶。云河绿羽茶是采用有机茶园，由手工揉炒、烘焙精制而成的天然有机茶。茶以其干茶外形扁平光滑、色泽翠绿、形体匀称、品质细嫩、浸泡时犹见一枚枚绿色的羽毛在云河中漂荡，品饮之汤碧绿，清香高雅的特点。并于2002年荣获苏州首届碧螺春文化节名产品称号，中国名茶博览会金奖。

1. 惠明茶

惠明茶产于丽水市景宁畲族自治县，因唐朝惠明和尚在此建寺植茶而得名。景宁惠明茶是历史名茶，自唐代开始种植，已有1200余年历史，南宋时期，惠明茶已成为朝廷贡品，以其优良品质，悠久的历史和深厚的文化底蕴，成为我国众多名茶中的一朵奇葩（见图3-35）。1915年选送参加巴拿马万国博览会，荣获一等证书和金质奖章，从此惠明茶成为我国赞誉最高的饮品之一，称为"金奖惠明茶"。

图3-35 惠明茶

## 2. 畲族布鞋

图 3-36　畲族布鞋

畲乡布鞋是由传统的纯手工技艺制作而成（见图 3-36）。故而制作工序繁缛，耗时长，要求严格，且需要具备一定的美工技艺。具体制作工艺可分为剪裁底样、工沿边、剪裁鞋帮、缝制鞋帮、绘制底花样、绱鞋、排鞋与修整、检验与包装一共九道工序。在这整个制作过程，鞋底是由布包裹着棕榈片，用米糯糊粘好，手工引线穿制而成。鞋帮也是由白棉线手工缝合。完全不添加任何化学成分的任何化工材料。所以，畲乡布鞋确实保全了无任何污染，是纯天然的绿色产品。在这人人倡导绿色无公害的时代，人们更加渴望绿色环保的自然特性生活。畲乡布鞋的天然材质满足了人们的现实需求。畲乡布鞋承载着畲族特有的文化元素，高超的编织技艺，把畲族的穿戴习惯等展露给更多民族的人民。

# 第四章 松阳遂昌线——乡间的小路

## 第一节 松阳遂昌旅行线路

> **相关链接**
>
> ### 2016浙江遂昌汤显祖文化节：共沐汤公莎翁400年艺术之光
>
> 400多年前，中国明代戏曲家、文学家汤显祖来到山城遂昌，做了一个小小的遂昌知县。就是在这里，汤显祖创作出了惊世巨著《牡丹亭》，成就了不朽之名，也赋予了遂昌万种风情。
>
> 同样是400多年前，英国的莎士比亚写下了《罗密欧与朱丽叶》这一凄美的爱情故事，成为西方爱情戏剧鼻祖。莎翁与汤公中西方遥相呼应，共同筑就了两座不朽的爱情文化丰碑，令人品味不尽。
>
> 2016年是汤显祖逝世400周年。非常巧合的是，莎士比亚与汤显祖在同一年逝世。2016年中英共同举办汤显祖、莎士比亚逝世400周年系列纪念活动。两位文坛巨匠得以跨越时空再次"牵手"也得益于遂昌与英国斯特拉夫德市的共同推动。

# 一、松阳遂昌线区县魅力

## 1. 松阳县：游宁静乡村，住山地民宿

图 4-1 松阳古民居

松阳——古朴迷人，古韵盎然"走进松阳如同走进天然历史博物馆"。深入松阳无不被这里的古街、古民居、古村落、古民风、古文化所陶醉，流连忘返（见图 4-1）。

松阳县地处浙江西南部，瓯江上游，是闽浙绵绵群山之中一块未经雕饰的天然宝石。这里拥有浙西南最大的山间盆地——松古平原，秀美的松阴溪从中流过，一派山水田园风光，早在唐宋时期就被誉为"世外桃源"，盛唐诗人王维曾有"按节下松阳，清江响铙吹"的动人描述，宋代状元沈晦更有"唯此桃花源，四塞无他虞"的由衷赞赏。

松阳始建于东汉建安四年（公元199年），迄今已有1800余年。松阳，城内明清古街商肆林立、古风依旧；城外村落民居古朴典雅、风情浓郁。

松阳农耕文化历史久远、底蕴深厚，至今仍保存完好、风格不一的古村落多达100余座。在石仓历史文化保护区内，就完整地保留了30多幢规模宏大的清代古民居。它们多数藏在深闺、沉浸在青山绿水之中，有的坐落在山前的竹林里、有的坐落在山后的溪水边、也有的坐落在人烟稀少的山冈上密林丛中……继续保持着古朴的民风和农耕文化。松阳有50个村落被国家住建部等七部委评定进入"中国传统村落"保护名录，是全国仅有的两个"中国传统村落保护发展"示范县之一。

## 第四章 松阳遂昌线——乡间的小路

近年来,松阳依托传统村落和丰富的自然资源,精准发力、大力发展乡村旅游和乡村民宿,并将"乡村民宿"作为乡村旅游的核心加以扶持、制订政策、促进改造、提档升级,全力打造成为长三角"山地民宿胜地"。2014年,松阳被评为浙江省年度旅游发展十佳县之一。

松阳县旅委主任许明标说:"松阳有着得天独厚的自然条件,乡村旅游是松阳的一大特色,加强'乡村民宿'建设是乡村旅游的重要部分,它既丰富了乡村旅游的内涵同时也迎合了游客们的需求。"他介绍说:"前不久松阳11家民宿获批了营业许可证。"这标志着松阳"乡村民宿"正走向标准化、规范化、常态化的发展轨道。其中5朵金花(精品民宿)分别为"柿子红了""过云山居""麒麟山居""古驿官岭""云上平田",此外还推出8条摄影精品线路:"松古农耕园""四都云雾景""三都古村落""石仓古民居""竹源民俗村""新处生态园""板桥畲乡情""探访红军路"。为了让更多的人了解松阳、走进松阳,探访江南深处的秘境,乡村"798"文化创意园积极组建与全国200多所高校、30多所画院的合作关系。每年到松阳摄影、写生的艺术家和大中专院校学生达50多万人次。2014年松阳成功举办"田园松阳(上海)摄影展""田园松阳杯瓯江行摄影大赛"等活动。2015年,开展了"松阳摄影旅游走浙江十一市(县)"活动,举办了全国摄影大赛、全国大学生写生大赛。

松阳正以她独特的魅力,吸引着八方来客访古探幽,舒心赏心。

### 2. 遂昌:乡野中筑梦 遂昌黄泥老房将变身现代民宿

遂昌位于浙江西南,东汉置县,人口23万,自然景观和人文景观丰富,森林覆盖率82%,1500米以上山峰40余座,河流600余条,是华东地区的一座天然大"氧吧",素有"浙南林海,钱瓯之源,遍地金银,云雾山茶"美誉。遂昌丰富的旅游资源可概括为"一金八两"。一金（遂昌金矿）；两山（九龙山、白马山）；两水（钱塘江、瓯江）；两龙（神龙谷、神龙峡）；两岩（石姆岩、南尖岩）；两文（好川文化、汤显祖文化）；两古（独山古寨、王村口古镇）；两茶（"龙谷丽人"茶、石练菊米茶）；两黑（遂昌黑陶、遂昌竹炭）。

明万历年间，大文学家汤显祖曾任平昌（遂昌）知县，并留下了"杏花轻浅讼庭闲，零雨疏风一往还。新岁班春向谁手？许卿耕破瑞牛山"的感叹。四百年后，这一片桃源仙县吸引越来越多的人，向往在繁忙之外寻一古村落，拣一栋黄泥房住下，感受闲淡安宁的农耕生活（见图4-2）。而遂昌境内，万亩梯田之上，有许多长期闲置无人居住的黄泥房。这些老房子在岁月的侵蚀下逐渐损毁消失。如今，他们将经设计师之手找到新归宿，换个形式将老屋的故事延续下去。

图4-2　遂昌黄泥房

正如黄泥墙的老房子在大山之中站成了一道道人与自然和谐相处的美景，遂昌有着丰富的山水旅游资源，生态环境更是一流。据测算，遂昌全县负氧离子每立方厘米含量高达9100个，高出世界清新空气标准6倍以上，属于特别清新类型，是华东地区少有的优质天然森林氧吧。周末来这里"洗肺"已成为都市白领和家庭的首选。然而，除了青山绿水，打造良好舒适的住宿环境才能长久地留住游客。

为此，从2014年开始，遂昌县开始着手推动传统农家乐向现代乡村民宿转型提升，实现乡村休闲养生旅游腾笼换鸟、换挡加速。通过因地制宜地改善村容村貌，转变村民的观念，乡村休闲养生旅游正在遂昌逐步成熟发展起来。农民的收入提高了，更重要的是，在这里实现了人与自然的统一和谐。

## 第四章　松阳遂昌线——乡间的小路

素有"九山半水半分田"之称的遂昌，从过去单一的观光游正逐步向休闲度假游、生态避暑游、养生养老游转变。在坚定不移地相信"绿水青山就是金山银山"路上，继续打造生态旅游这张"金名片"。未来，遂昌将着重谋划乡村休闲旅游发展，因地制宜地建设一批各具特色的乡村旅游点，并通过拟定《遂昌县民宿管理办法》，用政策引导推动乡村民宿发展，让幽静惬意的田间生活不再是一种向往，而是繁忙之外的另一种享受。

# 二、旅游线路

### A 线——金山林海，"骑"乐无穷

| 日期 | 具体行程 | 住宿 |
| --- | --- | --- |
| D1 | 游客中午抵达松阳，松阳下高速后前往游览【大木山骑行茶园】（游览时间约 1.5 小时），大木山万亩茶园是松阳生态茶园的典范，连绵错落的茶海已经成为茶乡大地的一道奇特景观，以大木山茶园为轴心的多条环茶园骑行路线更是吸引众多的游客去体验。后适时入住民宿 | 云上平田 |
| D2 | 早餐后前往【南尖岩】（游览时间约 2 小时）国家级 4A 景点，联合国教育、科学及文化组织（United Nations Educational, Scientific and Cultural Organization）授予"国际摄影创作基地"。景区里的云雾梯田，云海缭绕，梯田仙境；九级瀑布景致各异，令人惊叹。看山、看云、看梯田，人间仙境南尖岩！中餐后前往全球首个网络景区、江南小九寨 4A 级【千佛山景区】游览：飞石银瀑、仿古廊桥、银湖、曲水红波、龙湫奇潭、双龙飞瀑、千年弥勒大佛等景点。适时入住民宿 | 炭缘客栈 |
| D3 | 早餐后赴遂昌"江南第一矿"——【金矿】（游览时间约 2 小时），遂昌金矿开采历史悠久，自唐代已有开采活动，至今仍有开采，是中国首批国家级矿山公园，也是华东地区唯一的以黄金开采为主题的矿山公园：游览黄金博物馆，了解整个黄金生产过程，后乘坐景区小火车深入地下 150 米深的明代金窟，了解古人采金方法及探寻汤显祖、刘伯温探金脉的遗址。适时结束行程 | 自选 |

## B线——享森林浴，品建筑美

| 日期 | 具体行程 | 住宿 |
|---|---|---|
| D1 | 游客中午抵达千年古县松阳，松阳下高速后前往游览【卯山国家森林公园】，游览主要景点：俭公祠、天师殿、天师渠、卯山观、试剑石、白鹤洞、仙茶园、绿香亭、众龟朝圣等，参观并品尝唐朝时曾作贡品的卯山仙茶，游客在园中参观1200多亩的卯山果园基地，内种植有脐橙、蜜橘、桃、李等诸多水果。游客们可以边采摘、边品尝，也可按市场价购买农副特产。随后游览卯山甲鱼垂钓园，参观甲鱼饲养过程，并可亲自垂钓。晚餐在卯山生态休闲山庄用餐，吃农家乐特色菜肴，后适时入住民宿 | 上梅畲寨 |
| D2 | 早餐后前往堪称一绝的木雕艺术殿堂【黄家大院】，参观百寿厅、梅兰轩、竹菊轩、武扶技楼等，感受古代建筑精妙绝伦。后参观有着千年历史、国家级重点文物保护单位、被誉为"东方比萨斜塔"的【延庆寺塔】，中餐后前往中华第一高瀑、4A级旅游景区【神龙谷景区】游览，游览300多米高三级瀑、崇高台、粟裕轩、汤公寻梦等景点，适时入住民宿 | 半岭民宿 |
| D3 | 早餐后前往【四都寨头摄影休闲园】，观四都高山美景，赏云雾奇观，感受摄影风情。后驱车前往大东坝镇【石仓】，参观清代古民居群，中餐后前往【乌溪江漂流】(5~10月）或【汤沐园温泉】 | |

# 第二节　松阳遂昌线相关民宿介绍

**相关链接**

### 去遂昌，感受山野民宿的隐秘

在台湾偶像剧《樱野3加1》中，男女主角剧中热恋的高潮部分就发生在九份的一家民宿。镜头里，蜿蜒的石阶小路、推窗是海的房间，还有复古的石头壁炉、木质家具，民宿的每个角落都散发着自然的诱惑。人们已经把民宿定义为一个躲避凡尘、亲近自然的身心释放之处。大部分民宿几乎坐落在山水秀美处。不管外面世界如何喧闹，只要住进民宿，就能享受到隐居式的悠然生活。

越是好的民宿"藏"得就越深。这次，我们为读者奉上的是掩映在松阳和遂昌绿林中隐藏版民宿。如果某天你想遁入桃源，和世界保持一个距离，那不如来这里过上几日"失联"于山外的生活。

## 一、松阳民宿

### 1. 柿子红了

松阳柿子红了民宿坐落于海拔770米的古村落画家村，该民居建于1976年，占地160平方米，建筑面积300平方米，院子面积80平方米（见图4-3）。在硬

图4-3　松阳柿子红了民宿

装改建中充分考虑采光、隔音、防漏、居住使用的安全性、便利性、舒适性等诸多因素，克服山区改建的实际困难，因地制宜，选购当地废弃的旧木料，使用农村最普及的红瓦灰瓦，充分保留了夯土墙、木隔断、原房梁、红灰瓦顶等浙南山区民宅的传统特点。

在软装设计中秉持"对自然的尊重，对简单生活的选择，对平凡而微小美好的追寻"的理念，将整幢房屋分为三个功能区块，包括五个独立客房组成的私密居住空间、居住空间的二楼茶空间和咖啡吧。民宿"柿子红了"有五个主题房间，分别为梅且拆屋、陌上缓缓行、野竹自成径、幽兰生前庭、采菊东篱下，每个房间都蕴含着不同的主题。二楼茶空间主题为"茶余云起"，三五鸿儒，一两白丁，席地林下，清谈吃茶，枫坪云起，茶且余下，世事且余下，观云去。在这个茶空间，删繁就简，见素抱朴，保留最根本的需要，没有多余的装饰，觅一份大的写意。一棵树，一席茶，透过竹屏风的光和窗外的云，是我唯一想邀您留下的装点。无须更多，如此便好，民宿在这里修了一个枫坪的"林下"，等着七贤来访。咖啡吧公共区，聚集了乡村、工业化、自然、"70""80"怀旧等各类元素的碰撞。这里有当地师傅手工编织的竹编灯，有当地手工艺人亲手打造的鼓凳，咖啡吧的桌子也都是利用当地收集的旧木，由村民亲手制作的。窗台上的花，也只是乡间随手采回，插入日常的土罐里。咖啡吧二楼木梁结构，改建后的落地窗，可以看到水墨一般深浅不一的远山和瞬息万变的云海。在这里，我们还可以遇到一些过去时代的怀旧元素和集体回忆，咖啡吧代表着开敞的态度和探寻的过程。柿子红了并不是最完美的民宿，但它齐集了一群人的汗水与智慧，是一群热爱乡村文化、享受乡村生活的人共同创造。

第四章　松阳遂昌线——乡间的小路

温馨提示

1. 入住时间：14:00 以后，离店时间：12:00 以前。
2. 入住不可携带宠物。
3. 民宿所在的村子还是一个画家村，有写生创作亭子、写生创作平台、画家工作室等公共设施。

2. 云上平田

依山而建、群山环绕、古树环抱，该民宿所在村庄海拔 610 米，晨间云雾缭绕，晴日向晚，则有晚霞织锦，故"云上平田"（见图 4-4）。民宿所在地叫平田村，建于北宋政和年间，自然风光优美，村落文化深厚，是一个历史文化底蕴深厚、民风淳朴的古村落。平田村于 2014 年第三批列入国家古村落保护名录。"云上平田"也是一个多功能的综合民宿项目，拥有四合院餐厅、精品民宿、青年旅社、茶吧、酒吧、咖啡吧、多功能会议室以及农耕展览馆等。

图 4-4　云上平田

夯土的黄墙，黑色和砖红相间的瓦，木色的门窗，吸引着众多的摄影爱好者前来拍摄。平田不仅山美水好，而且"秀色可餐"，平田主推"土猪宴"，更受到众多游客好评。

**温馨提示**

1. 松阳市区开车上山大约 20 分钟,到民宿附近会有接送的车。
2. 山上潮气重,老年人若住需谨慎。
3. 强力推荐茶吧的桂花乌龙茶。

### 3. 麒麟山居

图 4-5 松阳麒麟山居民宿

麒麟山居民宿所在民居建于 1928 年,占地面积 158.2 平方米,建筑面积 290 平方米(见图 4-5)。在民宿改造过程中,以"古朴、典雅、舒适"为核心理念,融入畲族文化元素,修旧如旧、就地取材、变废为宝,处处体现着精细,让进入的人感受着农村特有的气息,体会到留恋的乡愁,也能享受到高档宾馆的舒适。

"麒麟山居"有两层,第一层设计为开放的休闲空间,美式壁炉、竹制帘墙、木质橱柜、落地玻璃门窗,书吧与茶室合为一体,做旧的成套木质桌椅、沙发搭配上民族风情的抱枕靠垫,显得温馨、舒适而有品位,你可以在这儿聊天取暖,也可以看书静心,还可以优雅品茗;第二层则是一个颇为日式的公共打坐观景区及几个各具特色的客房,你完全可以选一个符合你气质的房间,然后赖在被窝里舒服地躺上一整天。

当然，不止如此，仔细留意民宿的细节处，便能从中体会到设计者的巧心。从一楼通往二楼的旧时木梯及它倚着的泥石墙面，从老屋里被完整保留了下来，成为民宿里最有年代感、也最引得人回忆激荡的存在；抬头看民宿里的横梁、木桩，虽然经过精心抛光漆染，却还是一眼就能看出岁月的痕迹；不少圆形框景的门窗，都雕有象征着畲族文化的图腾；一楼厨房的土灶和小卧室间隔出的天井头上开着圆形的天窗，地下围成方形的空间，意喻着"天圆地方"，墙上做了一个"丰"字形架构，意为"五谷丰登"，再搭上一座小假山，是最简朴的造园艺术；二楼原先的粮仓虽然闲置却还很牢固，稍一改造，成了顶层和三面都封闭的中式小床，最受小孩子的喜爱；四个客房也都各有灵气，或有一把秋千浪漫童趣，或移植而来一棵大树，绿意自然；或是两个面朝山坡的房间两两相望，推开木格子窗就能喊到对方。

**温馨提示**

1. 距离松阳县城32公里。
2. 民宿旁有茶园和待建的露营和烧烤基地。
3. 民宿所在村正积极打造休闲养生特色畲寨，喜欢畲族民俗的游客千万不要错过。

4. 过云山居

民宿取名"过云"，是一种感官上的描述，也是一种安静，平和的意境。它是当地古村落文化的延续，也是视觉感官的盛宴，可体验当地美食的体验和优雅生活的态度。民宿地理位置绝佳，气象万千，风景优美，是古村落人文游和

图 4-6　松阳过云山居民宿

山水休闲游相结合的度假精品民宿（见图 4-6）。

民宿对原有建筑的改造和设计，力求将本土的人文精神和自然景观达到最完美的契合。

民宿定位：古村落隐士文化，禅意空间，恬淡，飘逸，随遇而安的生活意境。装修风格古朴中带有设计感，将古村元素巧妙与现代家居相结合，提供给宾客一种小规模，私密，精致，低调的度假感受。民宿目前客房 8 间，且间间都有绝佳的景色，观云浪，品古韵。公共区域包括观景平台，餐厅，山景茶室。游客可在此品茗闲话，悠然自得。也是举行私人酒会、新品发布会的绝佳场所。

民宿外立面致力重现当地原生态建筑特点：夯土墙，青砖瓦，卵石路，石头堆砌的房基，木壁木门木窗。

民宿建成后希望给当地旅游业注入新鲜的活力，运用新媒体让更多人知道这个美丽的地方，同时带动村民开发农产品、当地特产、工艺品等包装成为旅游纪念品。使民宿和古村和谐共存，让更多城市人体会这种与世无争的山居生活。

**温馨提示**

1. 民宿有挑空露台悬浮于落差 500 米的峡谷上，还有无敌峡谷山景，可观云海，是摄影爱好者的最佳选择。

2. 150 平方米禅意空间可举办茶聚、瑜伽、公司高层聚会等各类活动。

3. 这里有 8 间客房，也叫 8 朵云，据说在过云山居能看到云的 8 种姿态，所以有了这 8 个房间。

## 二、遂昌民宿

### 1. 洞源壹号

遂昌洞源壹号位于丽水市遂昌县黄沙腰镇海拔840米的大洞源村，周边有4A级千佛山景区、九龙山国家级自然保护区，整个设计及装修材料都采用当地元素，有独特的客家风，拥有各式特色客房、餐厅及包厢让您轻松享受高山美味（见图4-7）。原始的黄泥外壁、古朴砖墙、静谧木栅栏，配上周围翡翠色的山林，美如一幅出尘的水墨画。

图4-7　遂昌洞源壹号民宿

洞源壹号民宿的设计师阿国，他把自己的田园梦放进了此地，将原本普通的小学房设计成一间充满乡土情怀和乡愁情节的民宿。客房是黄泥屋，外墙用黄泥拌稻草调制而成。走进，一股古朴之风悠然袭来，散发出大都市里不可能有的土香味。还有院子里的盆栽鲜花和红褐色的砖墙相映成趣，产生一种遁世悠然的休闲感。

用旧操场改建的阳光房，房顶和一面整墙用玻璃制成，仿佛打通了自然和人之间的间隔，让阳光和风景涌入屋来。几排与墙色相近的沙发，置放着撞色花枕；几张木质方桌，铺着藏蓝的纯底碎花桌布。你可以在此，抬头看着浮云发呆，也可以泡壶咖啡慢悠悠地翻杂志，自有一种醉人处。

最特别的是一间别具匠心的"鸟雀屋"。整个房间设计成"原始森林"，驯鹿、树桩、象征草地的地毯让房间春意盎然、勃勃生机。中间是一张鸟笼式的圆形床，洁白飘逸的纱幔从顶部飘然垂下，女生期待被呵护的公主心油然升起。

在丽水恋上民宿

> **温馨提示**
>
> 1. 近603县道，离遂昌县城车程20分钟左右。
> 2. 民宿配有台球、棋牌、会议室、影院、音乐吧咖啡吧一体的阳光休闲房等。
> 3. 大洞源村80%村民是客家人，洞源壹号有特色鲜明的客家文化。

2. 半岭民宿

半岭民宿位于浙江省遂昌县4A南尖岩景区里，周边是千亩梯田和竹海，所在的半岭村海拔900米，生态环境极佳！村里苍翠缱绻而有韵味。假如你是初来的旅人，定会错愕在这片古朴的景象里，好似不经意闯入仙境的凡人，陶醉在世外悠然美景里，又怕再返人间已经白云苍狗，置身百年之后（见图4-8）。

半岭环境易修复被城市生活带累的心。清幽的山谷、古意的石桥、斑驳的老墙，无不镌刻着时光痕迹。虽然是老房改造，但是室内设计还是时尚新潮。主色强调朴素自然，内装简洁洗练，以木家具为多，讲究环保概念。

民宿主人藏在骨子里的热情好客也让每一个来此的游人觉得无比亲近。与

图4-8 遂昌半岭民宿

君初相识，犹如故人归。来到这里，你总能被温柔以待。早点被保温在大锅灶里，手擀的芝麻包、甜糯的地瓜粥、爽口的萝卜条都是我们许久不曾遇见却又次次出现在童年记忆里的美味，在半岭，这些遥远的美味就要被重拾。

半岭生活完全是自主式的。你可以睡到十点起床，再用早餐，然后在露台上发呆。也可泡上一壶上好的铁观音，吃吃当地板栗子，再和巷口的老奶奶聊聊家常，何等的自由、惬意。

**温馨提示**

1. 电话联系可在遂昌范围内接送，凡是入住本民宿的游客，南尖岩景区门票购买可优惠。

2. 由于房间为木质结构，隔音效果一般，敬请谅解。

3. 由于房屋整体结构为木质结构，在房间内请勿吸烟。

3. 红豆杉山庄

红豆杉山庄，"藏"在遂昌汤头山村绿荫深处。周围是红豆杉林，有的有千年高龄。

民宿的特色是由民宿主人个性决定的。庄主曾从事木材生意，在民宿打造上最大化地运用木质材料：木屋顶、木屋檐、木料亭、木座椅、木棂窗、木回廊等，比比皆是，还有无数就地取材的木家具，时时让人有身置森林的感觉（见图4-9）。

图4-9 遂昌红豆杉山庄

在整体空间布局上，庄主采用借势、依势的建房手法，借由坡形地势，层层叠叠依山盘旋而建，远看就像乡村版的"布达拉宫"。打开窗户，正好与摇曳着的豆杉树梢抱个满怀。眺望三面云山，天光云影浮动，山风雨露徘徊，身处其中，是难得的休闲。因为生态好，一些小动物经常来此做客。鬼头鬼脑的小松鼠会来向人们讨吃的，精灵般的画眉也会三三两两飞来觅食。

温馨提示

1. 民宿所在地为遂昌汤山头村，大约离遂昌县城7公里。
2. 山庄就坐落在古树红豆杉群中，数十棵千年树龄古树，其中大多是珍贵的南方红豆杉。
3. 民宿里有个蔬菜园，专为住客提供当季菜，新鲜无比。

4. 芷有一间·湖畔

图4-10　遂昌芷有一间·湖畔民宿

"芷有一间·湖畔"民宿最近在网上很火。湖畔老板是个十足的旧物恋者，喜好老木为梁、老物为潢。整体风格是古朴中透着风雅娴静，从村子里淘宝来的木板、石头、瓦罐、旧石雕给人岁月风霜的宁静，轻轻抚摸，可以感受到历史的年轮（见图4-10）。

对于芷有一间·湖畔民宿，有点印象的朋友，第一反应或许是在丽水古堰画乡的那家鼎鼎有名"个性民宿"：只有一间可以供客人住宿的客房,这间客房需要"眼缘"方可入住。没错,这两家民宿都是同一个主人所开。说到这里的客房供应,芷有一间·湖畔并没有那么"任性",5间临湖房全部用来做客房(见图4-11)。5间临湖客房,都有一块非常大的景观玻璃窗。在老板看来,"窗是天的进出口,要把天引诱进来。"通

图4-11　遂昌芷有一间·湖畔民宿房间

过景观窗,外面的美景一览无余。清晨初醒,窗外竹林伫立,枝叶摇曳,好一幅水墨画卷;午后则是阳光拂面,湖光潋滟,飘飘若仙。

在湖畔,你几乎看不到一根钢筋,就连窗户全部都是用老木头手工打造。为了解决老房子梅雨季潮湿的问题,民宿的主人回收了将近30吨的老木头,那些老房子里拆下来的楼板、门板,平均七八厘米的厚度,用来做地板、床、桌椅和衣柜。门把手、衣钩、门牌和钥匙扣、旧家具和老罐子,都是主人从老村子里一点点淘回来的,住在里面你会觉得既陌生又熟悉。

客房是民宿最重要的元素,湖畔房间简约空灵。浅色为主基调,搭配茶绿、浅蓝等,色调明亮,朴素自然,白色床上配上国画般的图样,自然注入一丝明媚的活力。

**温馨提示**

1. 早餐民宿会提供,正餐可以在村里的农家乐吃,也可以向老板提前预约在民宿里吃。老板娘是重庆人,所以吃到的可能会是重庆菜。

2. 民宿有一个种满了绿植的庭院,还有一个可以观湖的露台,可坐着看山看水。

3. 若不熟悉交通可加微信指引,到停车场后会安排管家导引。

## 第三节 松阳遂昌线体验小站

**相关链接**

### 自驾游贴士

俗话说:"在家千日好,出门一日难"。外出旅行必须要带好各种日常用品,以备不时之需。如食品、饮用水、保温水壶及适时衣物鞋帽、睡袋、雨具、太阳镜、火柴、卫生纸、防晒霜、洗漱用具等备品与手电筒、电池、多功能手表、指南针、照相摄像器材等工具。这里重点建议大家外出时最好带上一把多功能的组合瑞士军刀,实践证明,这个装备往往会派上较大用场。外出旅游,有时难免会遇到磕磕碰碰,所以带上必需急救装备,准备一个急救包是非常非常必要的。

# 一、食——冲击的味蕾

## 1. 延寿乌饭

农历四月初八，松阳人有吃乌饭的乡俗。据说是叶法善发明的一种道家保健食品，称"青粳饭"，久食可以延年益寿，容颜焕发。乌饭是取一种乌饭树的树叶，沥汁浸米，待糯米染成乌黑后炊熟，再配以白糖、腊肉、红枣、香菇等佐料，放油锅内拌炒而成。乌饭色泽黑亮，粒粒晶莹饱满，营养丰富，风味独特（见图4-12）。

图4-12 松阳美食延寿乌饭

## 2. 黄米粿

黄米粿是将松阳高山中一特有灌木烧成灰，沥取其汁，用以浸泡上等粳米至米色橙黄，冲净蒸熟，置石臼中捣成团，然后分切小块，趁热将其揉压成扁圆或长条形即成。黄米粿色泽晶莹，清香宜人，柔韧可口（见图4-13）。用肉丝、青菜、冬笋丝等爆炒，色味最佳，为松阳民间传统节庆或招待贵宾之佳肴。

图4-13 松阳美食黄米粿

### 3. 松阳薄饼

图 4-14 松阳薄饼

端午节吃薄饼，是松阳传统的饮食习俗之一。松阳的薄饼以皮薄、馅料精细著称，每逢端午节，人们多用木耳、香菇、金针菜、竹笋、豆芽、黄瓜、春分豆、豆腐干、煎鸡蛋、猪肉、田螺头等切丝、切丁拌炒煮熟当馅，以面粉和水烙制成薄薄的圆皮，放上各种菜肴馅料，将饼皮卷包成竹筒形状作为食品（见图 4-14）。薄饼现在一年四季都可以做，是松阳最富有地方特色的风味小吃之一。

### 4. 仙草豆腐

相传叶法善在松阳卯山炼丹修仙时，夏季常常采集一种野草与大米磨浆同煮为食，人们将叶法善常食用的野草取名叫"仙草"。用鲜仙草放在锅里煮成汤汁，去渣后渗入米浆边煮边搅拌，直至煮成绿色的米糊，冷却凝固后即为仙草豆腐（见图 4-15）。食用时用刀划成如豆腐大小的方块，添加糖末、薄荷等调料，味道软滑芳香，吃后全身凉爽，暑气全消，是松阳夏秋季节一种流行的清凉小吃。

图 4-15 松阳美食仙草豆腐

## 遂昌

### 1. 遂昌发糕

遂昌发糕的制作需要多道工序，相当讲究。原料采用上等粳米，浸泡七天后水磨成粉沥干，加上白的酒花，再拌上白糖及猪油，放进蒸笼里。火候最为讲究，先用文火，将水煮温，上下不停地调换蒸笼，直到糕发酵到与蒸笼平时才烧大火。蒸好的发糕，又白又糯，中间气孔又细又密，分布均匀，吃起来香甜可口（见图4-16）。在蒸熟的发糕上面涂上一层鲜红的食用染料，显示出"红红火火"的气势。一个"发"字预示着人们对于来年的期待。

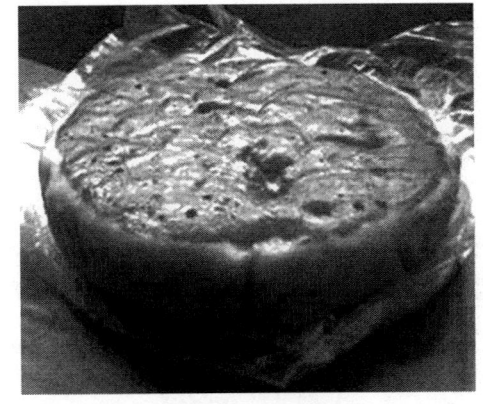

图 4-16　遂昌发糕

### 2. 遂昌烤薯

遂昌烤薯是遂昌县具有地方特色的传统名特优农副产品。其外观呈琥珀色，鸡心状，口味甜润（见图4-17），采用九龙自然保护区附近几个乡镇生产的红

图 4-17　遂昌烤薯

心番薯为原料,经科学的加工方法精制而成。现已形成了一万余亩优质原料生产基地。

遂昌烤薯具有较悠久的历史,其原料——番薯(又名红薯、白薯、山芋、地瓜、红苕等),具有多种药用价值和保健功效。据《本草纲目》记载:番薯补虚乏、益气力、健脾胃、强肾阴。

3. 焦滩鱼头

图 4-18　遂昌焦滩鱼头

在山青水碧的焦滩乡,有一条远近闻名的"鱼头街"。产自浙江第四大水库——遂昌湖山的有机鱼是遂昌"碧水料理"的主角。库区里凶猛的老虎鱼肉质鲜嫩、汤汁浓郁;呆萌肥壮的大头鱼一向是鱼头火锅不可或缺的食材(见图4-18);肉鳞两吃的奇特军鱼,红烧、清蒸两相宜;还有俗称"巴掌鱼"的湖山特色小鱼,乱炖也能成美味。

更为特别的是焦滩鱼头的料理方式:工具是乡间的大铲铁锅柴灶头,先将大鱼头下锅两面煎香,再放入特制佐料,满满煮成一锅。待客来时,点起风炉,盛入小锅,炭火慢慢煨出鱼香。最关键的是,还要撒上一把新鲜的薄荷叶,清凉沁人的薄荷香混着鱼头的天然湖鲜味,浓香诱人。以"有机鱼"为主的"碧水料理",征服了众多的食客老饕。

4.遂昌鲜笋

央视《舌尖上的中国》一播出，遂昌的竹笋的名声一炮而红，美食之旅当然不能错过这鲜入骨髓的竹笋宴。遂昌近50万亩的竹林为我们提供了丰富的美食资源。鲜脆肉嫩的冬笋、佐汤鲜美的马鞭笋、海拔800米以上培育的白马小玉笋以及满山的野菜和红豆杉均可入菜，加以山民独特的料理方式，形成了以竹笋为主料、加以各种口味各异的绿色菜蔬、主打回归自然的"森林料理"，

图4-19 遂昌鲜笋

吸引了大量的亲近自然的美食达人们。一盘原汁原味的"手剥笋"，将高山野生小笋直接蒸煮而成，完美地保持了山地野笋的原始口感（见图4-19）。顾不上还冒着的热蒸汽，迫不及待地拨开层层笋衣，一口就能咬掉的小小嫩芽笋散发着天然的清香，让您吃得根本停不下来。

# 二、行——出行的替步

上海、苏南方向：由沪杭高速、经杭州转杭金衢高速、经龙游转龙丽高速，于松阳下。或由沪杭高速、经杭州转杭新景高速，再经龙丽高速，于松阳下。

宁波方向：由甬金高速、经金华转杭金衢高速、至龙游转龙丽高速，于松阳下。

温州方向：由金丽温高速、经丽水转龙丽高速，于松阳下。

台州方向：由甬台温高速、经温州转金丽温高速、至丽水转龙丽高速，于松阳下。

温馨提示：为保障游客出行顺畅安全，凡车身在7.5米（含）或座位26座（含）以上的旅游车辆前往南尖岩景区，一律要求在石练换乘中心或神龙谷景区换乘景区交通。

南尖岩景区地址：浙江省丽水市遂昌县（西南部）王村口镇。

班车：遂昌县城到石练镇约半小时有1趟班车；石练镇到南尖岩一天有2趟班车，上下午各1趟。

## 三、游——心灵的港湾

1. 黄家大院

黄家大院是体现清代风格的汉族民居建筑。黄氏家族经过近百个春秋的苦心经营成为当地的望族，于同治年间开始在后院兴建"梅兰轩"和"竹菊轩"两座楼房。又于光绪年间在中院建起一座"武扶技楼"，并于1918年（民国七年）投资55000块银元在前院兴建一幢规模豪华的"百寿厅"。

前院"百寿厅"俗称"七间"，为三进七开间，面阔27.6米，进深33.8米，厅中172根柱子井然并列。置身"百寿厅"，仿佛在艺术的长廊徜徉。厅内雕梁画栋，技艺精湛，均以"寿"字为主题，牛角和雀替上的200个篆休"寿"字，笔法无一雷同。后院主体是梅兰竹菊厅。门额、柱础的刻花，均围绕这一主题，尤以窗棂上的雕刻最为细致精微，出神入化。窗格之间嵌有小若指尖的蝠、蝶、鱼、石榴及雀、鹿、蜂、猴图案，栩栩如生，惟妙惟肖。雀替上还有一组劳动场景的雕刻，有砍柴的樵夫、锄禾的农夫、垂钓的渔夫等（见图4-20）。这些富有浓郁生活情趣的画面，使黄家大院的木雕艺术充满人情味，给人以独特的道德教益和艺术享受。

图4-20　松阳黄家大院雀替

2. 箬寮原始森林

图4-21　松阳箬寮原始森林

箬寮原始林区（自然保护区）距松阳县城50公里，景区面积近万亩，山险、岩怪、树奇，自然景观独特（见图4-21）。海拔1500米的主峰如硕大无比的擎天巨石拔地而起，陡峭的崖壁上虬龙般的苍松横空而出，大有长啸一声山鸣谷应之势。猴头杜鹃分布广阔，每年五月繁花似锦，堪称"天下奇观"。树径0.5米以上树龄超过300年的光叶水青冈树就达百株之多，被称为"华东地区水青冈树王"的大树径粗1.46米。奇丽秀艳的箬寮密林深处，隐藏着数不尽的奇石异岩，有耸出的石人矶；栩栩如生的小熊望松、姑嫂岩、三十六灶、观音海等几十处主要景点。溪流瀑布错落其间，达30余处，其中大基背瀑布落差70余米，分三级泻下，颇为壮观。

### 3. 松阳延庆寺塔

松阳延庆寺塔，位于西屏街道上连头村山垄自然村，肇建于北宋咸平二年（999年）。六面七层楼阁式砖塔，高38.32米。副阶重檐，塔体砖砌，六面辟壸门，每层隐出八角形倚柱、方形槏柱、阑额及泥道栱，设平座回廊。五铺作重抄斗栱，铁质塔刹相轮为卷草图案，平缓舒展的出檐颇具唐风。塔身粉墙有朱画飞天、墨画罗汉和宋、元、明游人题记（见图4-22）。塔的木构部分1990年重修，但基础和砖砌塔身仍是宋代遗构，为江南早期古塔重要实例。

图4-22 松阳延庆寺塔

### 1. 千佛山

千佛山景区是国家4A级旅游景区，位于遂昌县石练镇，距县城30公里，交通便利。清光绪版（遂昌县志）载：山上岩石怪异，可见千尊佛像，故名"千佛山"。景区内峡谷清幽，林木茂密，清澈的山泉穿行其间，造就了迷人的瀑、池、湖、潭、涧等水域景观（见图4-23）。原始森林，奇峰异石，景色秀丽，被誉为"江南小九寨"。明代遂昌县令汤显

图4-23 遂昌千佛山景区

祖曾以"朝飞暮卷，云霞翠轩，雨丝风片，烟波画船"的诗句赞美千佛山。

千佛山景区未来寺，占地约一平方公里。寺内有一座神奇的天然山体弥勒佛，高达百丈，坐东面西，身披天然袈裟张开佛手呵护众生，实属大自然的神奇造化与恩赐，令人震撼。佛是一座山，山是一尊佛，自大佛被发现以来，在大佛面前已发生了许多不可思议之因缘及奇异天象。

2. 北斗崖景区

北斗崖景区距遂昌县城60公里，矗立在海拔1000米的山峰之巅，自然植被茂盛，空气清新，富含负离子气候凉爽宜人，全年最高气温不超过30℃，生态环境良好。景区为典型的丹霞地貌景观，群峰峥嵘，怪石林立，拥有高山平台、高山湿地、华东山柳原始群、清泉飞瀑等景观，岩层都呈水平状，经河流下切和风化加剧，形成各种姿态奇特、景象丰富的红层型地貌，山色如朝阳，山体形状如柱、如塔、如堡、如钟、如动物，平地拔起，陡峭突出（见图4-24）。其中最为突出的为石姆岩、

图4-24 遂昌北斗崖景区

寿星岩、金钟岩以及大高石，大高石垂直高度达260余米，被称为"天下第一丹霞高石"，蔚为壮观，其形如柱，突兀峥嵘，体大壮观。

3. 汤沐园温泉水上乐园

图 4-25　遂昌汤沐园温泉

汤沐园温泉地处遂昌南尖岩、金矿景区的黄金线中，距县城22公里，坐落在浙南金山林海之腹地——大柘镇大田村，是亚洲第一家建立在森林里的温泉（见图4-25）。这里古木参天，绿荫如盖，云蒸霞蔚，四季如春。上有百亩茶园生机葱茏，下为弓月清溪终日流淌。园中共有49个温泉体验池，其设有鱼疗池、中药池、多功能水疗池和1000平方米室内温泉大池等。水质富含30多种人体所需的微量元素和矿物质，林中负氧离子含量远远高于国家标准，可同时接待1000余人。走进森林，濯泉沐浴，让您在天然的氧吧里尽情感受大自然的无限生机和活力。

"汤沐园"的温泉水源在金山脚下，水质100%纯天然，偏硅酸优质温泉水，富含钠钾钙铁锌等多种微量元素，是难得的优质岩层温泉。该温泉由两台专业深井泵将天然地热泉水输入中心泵房，最初出井水温为38℃，出水量每小时30吨以上，经过190米管道损耗后水温降至32℃左右，然后由高科技水源热泵升至人体最佳适应温度，流入水池供游客使用。同时利用温泉丰富的微量元素和矿物质，配鱼疗、药疗等，由于温泉置身于具有150多年阔叶树森林里，充足的空气负离子，为休闲者提供"空气维生素"。常浴温泉和"森林浴"，有益于人体纤体、美肤、活血、保健的功效，是社会精英和大众百姓保健、休闲的胜地。

## 四、购——别样的淘宝

### 1. 茶叶

松阳茶叶,史载三国时即已形成规模,至明清,产茶名声愈盛。松阳县在继承茶文化遗产的基础上,创制开发出"银猴""玉峰""万寿茶"等七个名茶。松阳所有的名优茶具有共同特点:采摘细嫩,加工精细,外形内质各具特色(见图4-26)。

图4-26 松阳茶叶

### 2. 清明果

图4-27 松阳清明果

清明食青果,能驱邪避毒。此果用鲜嫩蓬蒿捣成糊与米粉和匀做皮,包入笋丝、粉丝、豆腐、咸菜等馅或用赤豆、芝麻末等甜味馅料,捏成椭圆果状或饺子形状,两面贴上箬叶或柚子叶,放锅中蒸制而成(见图4-27)。

## 1. 菊米

图4-28 遂昌菊米

菊米是遂昌县传统的特色产品,据《增广本草纲目》记载:菊米,处州出一种山中野菊,甚香且清圆黄亮(见图4-28)。据说有败毒、散疗、祛风、清火明目等功效,产自遂昌石练山。1999年,比利时华侨蓝章铭被遂昌菊米的奇特功效所吸引,回国创建了遂昌石练菊米有限公司,遂昌菊米自此走上了产业化发展之路。公司成立之初便立足绿色创建品牌,在指导农民科技种植的同时,公司制订了一整套严格的从收购到加工的规章制度,严把质量关。石练菊米还先后通过了国家绿色食品、有机食品认证,并获得了"浙江省名牌产品"称号。遂昌菊米的种植面积也从当初的几百亩迅速增加到现在的2万多亩。

## 2. 龙谷丽人茶

"龙谷"名茶,产于浙江遂昌,历史悠久,早在南宋时就是贡品,到了明代更是御用名茶(见图4-29)。明代

图4-29 遂昌龙谷丽人茶茶艺表演

著名剧作家汤显祖曾经做过五年的遂昌知县,他把遂昌比作仙山,自喻为仙令,并写有《竹屿烹茶》诗:"君子山前放午衙,湿烟青竹弄云霞。烧将玉井峰前水,来试遂昌龙谷茶(一作'来试桃溪雨后茶')"。汤显祖还留下过"龙谷"二字的真迹。龙谷丽人茶出自地处钱塘江和瓯江源头的遂昌自然生态环境,高山深谷,林木葱茏,终年云雾缭绕,四季风光旖旎。龙嘘深谷云雾茫茫,玉女峰前佳丽忙。纤指采来千片绿,柔风送去万般香。龙谷丽人茶条索形似柳眉,色泽翠绿显毫,叶底细嫩明亮。"丽人"清清,君子好逑。好茶有了美名,再加上丰富的文化内涵,不由得令人神往。在济南第三届国际茶博会上,"龙谷丽人茶"尽显风采,分别冠名茶艺表演暨万人品茗活动和文艺晚会,并且在名茶评比中一举夺得金奖。拍卖会上,200克龙谷丽人茶珍品拍出了6.6万元的高价,可见人们对该茶的喜爱之深。

# 第五章 龙泉庆元线

## 第一节　龙泉庆元旅行线路

**相关链接**

### 庆元廊桥，山涧里的千年遗梦

这里是瓯江源头，八百里水路至此奔腾。在叠嶂峻岭间，有一群廊桥，如彩虹般镶嵌于层山云雾中，无声无息，伫立千年，如梦似幻。它们究竟扮演着怎样的角色，又隐藏着怎样的岁月。

庆元美丽的月山村就有两座廊桥记录着一段爱情传奇，一座是如龙桥，另一座是来凤桥，一座在村尾，一座在村头。传说村里曾经有个阳刚男子叫如龙，一个似水女子叫来凤。一年大旱，溪流干涸，为了争夺水源，如龙和来凤分别代表各自的家族在村中比武，不知道什么原因，这场比武不分胜负。为了村民的饮水，如龙和来凤携手在山中寻找新的水源，苍天不负有心人，他们终于在山里找到了水源，并开凿引水渠，把水引到月山村。在找水、引水的过程中，如龙和来凤顺理成章地相爱了，后来他们结婚了，村里相互仇视的两大家族成为亲家，仇恨被爱彻底化解，山清水秀的月山村又回归了和谐宁静。后来，村里的人们为了纪念这一段爱情传奇，在村头和村尾各建了一座廊桥，分别以这一对跨越仇恨的爱人的名字命名。

# 一、龙泉庆元线区县魅力

## 1. 龙泉市：赏瓷论剑山水间

龙泉——山是江浙之巅，水为三江之源，生态全国领先，剑、瓷世界驰名。真可谓是"诗画江南最高峰，烟雨瓯江第一城"。

龙泉市位于浙江省西南部浙闽赣边境，自古人文昌盛，旧为"浙水东文献之邦"，史称"衣冠文物甲于诸邑"，被誉为"处州十县好龙泉"，是著名的中国青瓷之都、中国宝剑之邦、中华灵芝第一乡和世界香菇栽培发源地。全市面积3059平方公里，人口29万，辖8镇7乡4个街道444个行政村12个社区。

龙泉历史悠久，是剑、瓷世界驰名的文化之城，以宝剑文化、青瓷文化、香菇文化闻名于世。龙泉因剑得名，龙泉宝剑创始于春秋战国时期，其剑以"坚韧锋利、刚柔并寓、寒光逼人、纹饰巧致"四大特色而成为剑中之魁；龙泉凭瓷生辉，龙泉青瓷始于三国两晋，盛于宋元，以"清澈如秋空、宁静似深海"的哥、弟窑瓷器享誉海内外。龙泉"哥窑"与著名的官、汝、定、钧并称宋代五大名窑。2009年，龙泉青瓷传统烧制技艺成功申报"人类非物质遗产代表作名录"，成为世界陶瓷类迄今为止唯一入选的"人类非遗"。龙泉也是中国香菇文化的发源地，自古以来，香菇人工栽培就是龙、庆、景三县农民专营的一项森林副业。龙泉文化底蕴深厚，英才俊贤辈出。宋天圣至咸淳251年间，龙泉一县就出进士248名，是中国科举史上的一大奇观。

龙泉山清水秀，是生态全国领先的养生之福城。龙泉文化的根是生态，龙泉生态的魂是文化。灵秀山水与幽美生态，孕育了龙泉深厚且斑斓多彩的原生态文化，这是一种自然与人和谐相处的文化。据2004年年底国家环境监测总站发布的《全国生态环境质量评价研究报告》，龙泉生态环境质量在全国所有县

图 5-1　江浙第一高峰黄茅尖

（市、区）中排名第八位，有"中国生态环境第一市"的美名。境内的凤阳山，峰峦叠翠、谷幽泉清，被誉为"华东古老植物摇篮"，其主峰黄茅尖更是"江浙第一高峰"（见图 5-1）。以百米瀑布和千年古村为特色的生态沟、古村落星罗棋布，境内披云山、天平山、昴山等，都是具有很高开发价值的旅游处女地，是浙江省最具特色和潜力的养生度假旅游区之一。

随着丽龙高速公路的全线通车、统筹区域协调发展和产业转移的步伐加快，位于沿海腹地，又是内地前沿的龙泉迎来了千载难逢的发展机遇。龙泉市的广大干部群众抢抓发展机遇，突出"以工强市"，坚持"山地是第一要素"，充分发挥区域广阔、低山缓坡丰富的优势，竭力拓展空间；充分发挥"浙南林海"的比较优势，突出"以林富农"，新农村建设的步伐在不断加快；充分发挥龙泉旅游的综合优势，突出"以旅兴龙"，着力把龙泉打造成为全省乃至长三角著名的生态旅游休闲度假基地。

诗画江南最高峰，烟雨瓯江第一城——龙泉，犹如一颗璀璨的明珠镶嵌在浙西南大地。在这块古老而年轻、辽阔而神秘的大地上，勤劳、勇敢、智慧的龙泉人民创造了光辉的历史和灿烂的文化。而今，坐拥"好山好水好空气"的

"剑瓷名城"——浙江龙泉，又开辟出一条新路，以"山水艺境，隐居龙泉"为定位，转向在农村"尝鲜"打造民宿经济，将深山里的村落与大都市的游客相连，撬动了旅游大市场。一股民宿经济的热潮刮进大山深处，沉寂的"野百合"，即将迎来春天。云居炉岙、崖居周岱、水居源口、长寿谷仙仁等个性民宿品牌，吸引着无数都市人前来休闲养生，体验乡村田园慢生活。

### 2. 庆元县：听着山风 枕着泉水 过一种自在轻生活

在浙西南浩瀚的绿谷当中，镶嵌着一片 1898 平方公里的翠山绿园。那就是浙江绿色屋脊、绿谷之源——浙江庆元。千年遗韵、梦幻的古廊桥（见图 5-2）、神奇菇乡，这是它身上古老而具有代表性的标签。

图 5-2 庆元廊桥

庆元县地处浙江西南部，与福建交界，是历史上入闽的咽喉要道。自南宋宁宗庆元三年设县至今，已有 800 多年历史。唐朝古语、宋朝古桥、明朝古居在该地具有很好的文化传承。

庆元的主要特点可以用"一县、一城、一乡、一区、三基地"来概括。

"一县"：即中国生态环境第一县：全县森林覆盖率达 86% 以上，每年全县森林共释放氧气 73.98 万吨，相当于 270 万人一年所需的氧气总和。百山祖国家级自然保护区，最高峰海拔 1856.7 米，为江浙第二高峰，生长着世界最濒危的 12 种植物物种之一——"百山祖冷杉"。2004 年，国家环境监测总站根据卫星遥感数据，计算出全国各地的生态环境质量指标（EQI），庆元在全国 2348 个县（市、区）中排名第一，是名副其实的中国生态环境第一县。

"一城"：即中国香菇城，庆元是香菇开"史"的地方，世界人工栽培香菇的发祥地，以"历史最早、产量最高、市场最大、质量最好"闻名于世，并获得原产地域保护。"庆元香菇"品牌价值超过46亿元，名列全国食用菌类品牌首位，是中国食用菌第一品牌。

"一乡"：即中国廊桥之乡：始建于北宋的木拱廊桥，具有数量最多、时间最早、质量最高的特点，宋、元、明、清各朝代建造的木拱桥庆元境内均有分布，而且全国现存寿命最长、单孔廊屋最多、单孔跨度最大、史料记载时间最早的木拱桥均在庆元境内，堪称当世一绝。

"一区"：即历史文化保护区：庆元历史悠久，人文荟萃，唐朝古语、宋朝古桥、明朝古居"三朝文化"得到较好传承。大济历史文化保护村，涌现出进士26名，被史学家们称为奇迹，后人称大济为"进士村"。庆元还是典型的革命老区，粟裕、刘英、叶飞等老一辈革命家在庆元大地播下革命的种子，其中斋郎战斗是中国工农红军挺进师进入浙西南以来取得的第一个大胜战，被粟裕将军称为"关键性一仗"。

"三大基地"：即围绕特色主导产业培育，竹木加工、食用菌（见图5-3）、铅笔等产业初具规模，先后被授予"中国铅笔生产基地""中国竹制品产业基地"和"中国食用菌产业基地"。

图5-3 食用菌

据悉，近年来，庆元县致力于乡村旅游发展，以"美丽乡村"建设和全面实施中国避暑胜地建设三年行动计划为契机，培育建成了大济"寻"、月山"溪岸图"、贤良"懒猪窝"、红宝斋等系列主题民宿。今年庆元还出台了《农家乐民宿经济发展三年行动计划》，以建设乡村特色农家乐民宿示范乡镇、村、点为主要抓手，丰富提升多元化美丽经济业态，打造乡村旅游升级版，培育休闲养生"庆元乡村生活"模式，打造"中国避暑胜地、养生名城"。

## 二、旅游线路

### A 线——龙泉庆元历史文化之旅

| 日期 | 具体行程 | 住宿 |
| --- | --- | --- |
| D1 | 早乘旅游车赴龙泉市，参观【浙大分校旧址】（约40分钟，周一闭馆），世界非物质文化遗产龙泉青瓷的展览地，目前为国内最大的青瓷专业博物馆。参观【龙泉宝剑厂】（约40分钟），了解龙泉宝剑的制作流程以及龙泉历代的宝剑。中餐后乘旅游车赴中国青瓷小镇上垟镇（车程约40分钟），游览【披云青瓷文化园】（约2小时），景区核心项目为"青瓷寻踪剧场"，通过"瓷之国、瓷之旅、瓷之史、经典影院、百年龙泉"五个篇章，演绎龙泉1700年的青瓷文化历史 | 披云山庄 |
| D2 | 早餐后旅游车赴庆元县城（车程约1小时41分钟），参观【西洋殿】，游吴三公祖殿，看古廊桥（兰溪桥），游览黄皮上下湖湿地。百山祖景区农家乐，游览庆元【百山祖景区】。夜宿百山祖高山风情小镇 | 百山人家 |
| D3 | 早餐后车赴【大济进士村】游览当地古民居、古宗祠、古地道等，参观香菇博物馆、廊桥博物馆。中餐在三山根博园用餐，中餐后游览根博园。适时结束愉快的旅程，返程 | 自选 |

## B 线——天然氧吧深呼吸之旅

| 日期 | 具体行程 | 住宿 |
|---|---|---|
| D1 | 早乘旅游车赴龙泉市,参观【青瓷博物馆】(约40分钟,周一闭馆),世界非物质文化遗产龙泉青瓷的展览地。中餐后乘旅游车赴后参观【龙泉宝剑厂】,了解龙泉宝剑的制作流程以及龙泉历代的宝剑。适时在周际渔村用中餐,后赴龙泉市(车程约1.5小时)游览有浙西南小黄山之称的【绝壁奇松景区】(约1.5小时),这里绝壁千仞,耸立苍穹,苍松万棵,绝壁而生。入住酒店 | 绿野山庄 |
| D2 | 早餐后(须乘景区电瓶车)登江浙第一高峰【黄毛尖】(徒步约2.5小时)海拔1929米,感受"登上江浙最高峰,不畏浮云遮望眼,只缘身在最高层"那种心境。游览【瓯江源景区】(约1.5小时)途经高山草甸、小天池。游览【龙泉大峡谷景区】(约1.5小时),峡谷长2500余米,宽20余米,溪水分布在峡谷之间,形成许多激流和飞瀑。还有大面积的百年杜鹃林。中餐后庆元贤良避暑小镇吃住 | 民宿懒猪窝 |
| D3 | 早餐后车赴庆元百山祖游览神秘丽水十大峡谷——【百瀑沟】(约2小时),参观九曲瀑、凤凰瀑、百山生态之路、低碳体验屋等景点,结束后车返庆元(途经【西洋殿】,游吴三公祖殿、古廊桥),适时结束愉快的旅程,返程 | 自选 |

# 第二节　龙阳庆元线相关民宿介绍

**相关链接**

## 丽水山居,呼吸自然,吐纳文化

远离城市的喧嚣以及各种令人不适的"负能量",到山野乡村里隐居一段时间,用平日踩油门的脚丫踩着乡村小道悠闲漫步……"远上寒山石径斜,白云生处有人家。"诗人杜牧在千年之前写下的如此美景,如今成为当下都市人逃离城市去深山谷涧寻找的另一种生活:听着山风,枕着泉水,过一种自在轻生活。

放眼浙南,近年来崭露头角的丽水民宿承载了"山居"的诸多梦想——这些扎根于青山沃野深处的建筑,呼吸自然,吐纳文化,让人"望得见山、看得见水、记得住乡愁",也对丽水有了一抹更精致的印象。

# 一、龙泉民宿

## 1. 披云山庄

披云山庄位于中国青瓷小镇·披云青瓷文化园内,为独栋农舍小院。农舍依山而建,溪水环绕,红墙黛瓦,绿荫掩映。以中国最传统的建筑结构,结合现代生活设施,营造艺术家生活体验空间(见图5-4)。

图5-4 披云山庄

这里每个房间的设计都做得认真细致,设计师不是光在图纸上画画,一个小小的茶杯的摆放都可以看到他们背后的精挑细选。所以整个山庄处处设计施工都匠心独具,完全没有现代寻常建筑的浮躁粗陋。

**温馨提示**

1. 不可携带宠物,不支持信用卡支付。
2. 入住时间:14:00以后,离店时间:12:00以前。
3. 周边景点:青瓷文化园、龙泉山4A景区。

2. 凤羽山庄

龙泉凤羽休闲山庄地处龙泉市东南部，距龙泉市区35公里，坐落于凤阳山境内，依托"避暑胜地、天然氧吧"的国家4A级龙泉山景区。

凤羽山庄创办于2010年，环境优雅、风光独好。建有标准客房30余间，配备有中小型会议室2个，有餐位数200个。山庄建于顶峰生态园内，海拔1200米，占地2000亩，既有幽深林海，又有碧涛茶园（见图5-5）。阳春三月，漫山遍野花开，恰似"人面桃花相映红"的胜境；初秋果熟，桃梨满枝头，更胜花果山仙境；既可林中听涛，又可种菜摘果，还能在廊屋中享用风味独特、充满农家气息的美味佳肴，给人的是一种荡涤胸襟的清新和舒畅，实为同学聚会、养生休闲、度假娱乐、观光采摘的绝好去处。

图5-5 凤羽山庄

温馨提示

1. 交通线路：龙泉高速出口沿54省道进入安豫公路与凤阳山交叉路口，距龙泉市区35公里，凤阳山景区8公里。

2. 入住时间：14:00以后，离店时间：12:00以前。

3. 因夜间天气凉爽，注意带好保暖衣物

4. 不可携带宠物。

### 3. 龙泉半坞云耕

半坞云耕民宿位于龙泉下樟村，下樟村是一个具有一千多年历史的文化古村落，史称"云坞"，当地人称之为云坞古村（见图5-6）。宋时隐居于此的名士管师复曾向当时的仁宗皇帝描述："满坞白云耕不尽，一潭明月钓无痕"，勾画了该村无垠的田园意境。云坞村不仅有着

图 5-6　半坞云耕民宿内景

美丽的自然风光景色，而且还拥有丰厚的文化底蕴。村中明清时期的古民居建筑，雕梁画栋，错落有致，至今保存完整，形成一定规模的古代建筑群。民宿半坞云耕原名"三合院"，始建于清道光年间，整体建筑为一个"凹"字形平面的三合型天井合院，因此，简称"三合院"。正中为堂屋，左右分别为主次卧室，前院东西两侧为厢房，正面为门墙，各房间和正堂之间以走廊连通（见图5-7）。"三合院"历经两百余年的风雨，是清末以来中国历史的缩影，是下樟文化的传承之地。

半坞云耕民宿的设计者将二楼改造成四个独立又舒适的卧室。屋顶做了采光的改造，阳光从玻璃窗透下来，刚好打在床上。半坞云耕民宿走的是高端民宿路线：整个楼层做了隔音设置，每个房间都配了全新的浴室与浴缸。套房里还有榻榻米，可以聊天喝茶，拿走小桌，铺上被子，又变成了一张小床。后厨也被设计师精心设计，现代时尚理念与原有土灶相结合，让你体会到视觉与味觉的盛宴。

图 5-7　半坞云耕民宿走廊

泥木结构，窗棂细琢，青苔石阶，幽兰雅香、梅花镜、竹卷帘、松木床、陶土罐……它淡淡地隐在村落里，散发着别样迷人的味道。住上一天，便能带你穿越回那个被人渐渐遗忘的黄金年代。

**温馨提示**

1. 周边景点：白云飞瀑、七星潭、古樟、古民居等。
2. 交通线路：龙泉城西转入西独线，约4公里处右转，车程20分钟。

### 4. 该睡睡吧

图5-8 "该睡睡吧"民宿

"该睡睡吧"主题民宿颇具特色，虽地处城区，却散发出一种宁静的气质，让人有远离尘嚣之感（见图5-8）。在这里，旧时的老木板被保留下来，经由工匠师傅的手获得新生，角落里一扇旧式木门，一张陈年躺椅，无不传递着童年记忆里农村老家的味道。

屋主曾志华是一位"70"后村支部书记。多年的农村工作经历让他感怀在城镇化进程中，农村记忆正一点点行走在消逝中。"日出而作，日落而息"这种农村里再寻常不过的作息在快节奏的都市里却成了一种奢侈。"现在的都市人都活得很累，他们时常感觉到焦虑。"曾志华说，就像店名所想要传达的那样，他希望每一位入住的客人都能在这里放下压力，该睡睡吧。每一层楼的过道里都有一个布景，看得出屋主很花心思。每间房都有一个主题，装修风格属于混搭，其中既有轻工业、北欧风的率性，又兼具东南亚、地中海的浪漫。房间布置温馨有品，关键是非常干净，并且科勒卫浴、电脑、电视一应俱全。青瓷元素随处可见，一些装饰品也是颇具匠心，就连房间里的水杯都是当地国营瓷厂的老物件。个别房间还有露台，夜可品酒观星，晨可呼吸新鲜空气，很适合小家庭入住。

**温馨提示**

1. 位于龙泉市剑池街道，中等职业学校正对面，在市区南部、龙泉溪南岸。下了高速，沿着创业大道直行约850米便可到达。
2. 中餐早餐15元人民币。
3. 根据客人要求允许携带宠物，不收取额外费用。

# 二、庆元民宿

### 1. 懒猪窝民宿

懒猪窝民宿位于庆元县贤良镇贤良村，四面环山，南阳溪穿流而过。民宿由台湾乡村发展顾问叶美秀、林鉴澄共同设计，定位于以"懒"为主题的乡间民宿，在这里不仅仅可以欣赏风景，还可以体验农事、参与文创，让你生活节奏慢慢下来（见图5-9）！

图5-9 懒猪窝民宿

猪窝的改造是民宿一大特色创意，沿着溪边打造首家"猪栏竹餐厅"，让你在竹林里享受不一样的晚餐，它还结合自身特色，发展周边100亩农耕园，采取底薪+分红的"聘用方式"让低收入农民参与农场农作物日常管理，最后让游客可以真正吃到贤良原生态的优质高山食材！民宿外立面和房间内饰由知名XCV文创工作室成员创作，3D田园墙绘和室内现代艺术作品，让每一位参观者都记忆犹新。

民宿现有客房7间，还有设计最有特色的"树屋"由廊桥非物质文化遗产传承人吴复勇设计建造。通过主题活动打造首届乡村啤酒音乐节、发呆大赛、懒生活体验，民宿将紧紧围绕"懒"主题，立足当地"慢生活"，未来让更多的游客"定居"贤良！

温馨提示

1. 入住时间：14:00以后，离店时间：12:00以前。
2. 不可携带宠物，不支持信用卡支付。
3. 贤良离庆元县城还有1小时车程。

图5-10　溪岸图度假客栈

2. 溪岸图度假客栈

溪岸图度假客栈坐落于庆元县月山村举溪河畔，宛如一卷徐徐展开的水墨山水画，与名作《溪岸图》意境相似而得名（见图5-10）。月山风光优美，民风淳朴，素有"山环水抱一桃源"的美誉。

客栈地处历史悠久的古村,整体风格却走颇为现代的田园风,精美的装潢与齐备的设施,既满足了休闲养生的度假需求,也为艺术爱好者提供了绝佳的创作场所。

溪岸图民宿备有客房9间,可接待游客18人。小会议室1间。独立禅意品茶空间山水庭院4处,观景台1处。客栈空间规划以休闲功能为主,以东西方审美混搭的艺术手法,为游客营造一方淡而雅致的度假休闲空间。与客房相连,每层设置充满艺术气息的小型空间,木质的架台上摆满了盆栽与装饰物,松软的沙发暗示了无限慵懒的午后。屋顶客人可以品上一杯清茶,让肺部浸润在山间沁人心脾的空气里,也可以在屋顶观赏客栈周围的优美景致,且看小桥流水,白云悠悠,沉浸于"暧暧远人村,依依墟里烟"的田园居氛围。凝目远眺,月山古村更有"二里十桥"之说,现存古廊桥中,"步蟾桥"其庄严,"来凤桥"

**温馨提示**

1. 入住时间:7:30–21:00,离店时间:7:00–12:00。
2. 不可携带宠物。
3. 支持信用卡支付。

其古韵,"白云桥"其惬意,"秆谷桥"其坚固,都十分值得游客一觅芳踪。人在外景与内景之间,有置身现代世外桃源的精神享受,得天独厚的环境,简约雅致的装饰,是休闲养生、摄影绘画、移动办公的美妙场所。

### 3.三香民宿

三香民宿位于庆元县屏都街道菊水村,毗邻巾子峰国家森林公园,距浙江第

二高峰百山祖景区不过半小时车程。森林公园苍翠葳蕤，参天大树营造天然氧吧，百山祖景区山高雾多，能观赏到日出云海这一奇景。这一天然的地理优势，就让三香民宿脱颖而出（见图5-11）。

图 5-11　三香民宿

三香民宿没有采用一般民宿的简单改造，更着重于对"三山根艺文化博览园"理念的传承，取樟木用材，以根艺做装饰，打造一种分外古朴典雅的风格。民宿主人在追求自然本色的同时，还注重对"木香、书香、鸟语花香"这一境界的追求。在这三种淡淡的香味中，三香民宿其来有自。民宿更设有幽静的院落，可让客人得以闲庭信步，静赏庭院深深，屋后菜园整齐划一，野趣横生，一如鲁迅儿时旧梦中的"三味书屋"，是农家的原汁原味，亦有浪漫的怀旧风情。

**温馨提示**

1. 民宿距离百山祖景区半小时车程，能观看"日出云海"，天气晴好时，千万别过。

2. 交通指南：导航搜索"庆元县菊水村"。

4. 红宝斋民宿

红宝斋民宿位于庆元县百山祖镇斋郎村，距离百山祖景区20公里。斋郎村的特别之处在于其海拔之高，达1200米，是省内翘楚。1935年由粟裕大将领导的"斋郎战斗"，被誉为工农红军挺进浙闽边境的关键性一仗。红宝斋之名正是取自"红色宝地斋郎"之意,因而浓浓的红味是红宝斋民宿的特色(见图5-12)。

图 5-12　红宝斋民宿

走进这栋泥墙老房,农家的淳朴与整洁扑面而来。每一个木板房间别有洞天,各种现代化设施一应俱全,十分便利。在这儿,简单却不失特色的装潢带领客人穿梭时空,仿佛回到了那风云迭起的峥嵘岁月,老一辈先烈的英雄豪情仿佛历历在目,民宿更是推出了"重走红军路"主题旅游线路——赏红日、品红酒、唱红歌。在清幽秀美的山村里,体验一把革命老区的红色底蕴,对于老一辈怀旧、年青一代亲近历史都是不可多得的机会。红宝斋民宿仿佛在历史长河上架起一座桥梁,联结了世世代代华夏儿女的红心。

温馨提示

1. 海拔高,昼夜温差大,晚间注意带好保暖衣物。
2. 交通指南:导航搜索"庆元县斋郎村"。

## 第三节　龙阳庆元线体验小站

**相关链接**

### 出游温馨提示

1. 露营要带上帐篷、防潮垫、毛巾毯、手电筒、洗漱用品、保暖水瓶、雨伞及止泻药、驱虫药、创可贴等备用药品。

2. 登山时穿上舒适防滑的鞋子，要尽量少带行李，轻装前进。在每次休息时，都要按摩腰腿部肌肉，防止肌肉僵硬。下山不要走得太快，更不能奔跑，那样会使膝盖和腿部肌肉承受过重的张力，而使膝关节受伤或肌肉拉伤。

3. 对于激流探险来说，高质量的头盔非常必要，可以起到保证人身安全的作用。漂流不可避免会"湿身"，多带套衣服。漂流船通过险滩时要听从船工的指挥，不要随便乱动，应紧抓安全绳，收紧双脚，身体向船体中央倾斜。

## 一、食——冲击的味蕾

龙泉

**1. 落汤糍**

推荐单位：住龙镇住溪村。

做法：用糯米粉和粳米粉混合加水做成大汤圆状的米团，入锅煮熟，捞起，最后滚上炒熟的黄豆末或黑芝麻糖粉（见图5-13）。

口味：口感细腻，甜而不腻，满口溢香，味道与汤圆、麻糍不同。

图5-13　落汤糍

据说落汤糍是住溪村民当年送给红军的充饥点心，如今为农忙时节的特色点心。

2. 煎黄粿

推荐单位：龙泉大酒店。

图5-14　煎黄果

做法：将质地上乘的黄粿切成薄片，放入锅中用文火慢慢煎至表面起泡并微现焦黄，然后加盐、酱、黄酒、味精用猛火炒，再起锅撒上葱花（见图5-14）。

口味：色泽诱人，香气扑鼻，细嫩香酥。

传说：唐朝末年，黄巢起义，路经龙泉披云山，村民为慰劳义军，特制此粿，便于将士随身携带，沿途食用。因为是黄家军食用，特制成黄橙色。

## 3. 三月三头梳粿

图 5-15 三月三头梳粿

推荐单位：竹垟畲族乡。

做法：将籼米粉和粳米粉按一定比例混合，倒入适量开水在锅中慢慢熬成黏稠的面糊状。起锅，压入木制头梳状的模板，做成粿胚，最后以高山萝卜丝、高山蔬菜腌制的咸菜或芝麻做成馅，蒸熟即可（见图 5-15）。

口味：美味可口，带有淡淡的草木清香。

传说：农历三月三是畲族村民相亲的日子，畲乡村民喜欢选择这天娶媳嫁女。三月三头梳粿是淳朴好客的畲族村民用来送亲家和招待亲友的节日点心，有吉祥如意之意。

## 4. 新丰村蓬粿

推荐单位：查田镇。

做法：从野外摘来青蓬，洗净后用开水烫，清水漂，再切碎磨成浆，加入糯米、籼米混合而成的米粉，将熬制成的糖油，倒入蓬浆米粉中拌均匀，稀稠适度，然后装到蒸笼里，蒸两、三个小时即可（见图 5-16）。

口味：晶莹剔透，形似碧玉，香气扑鼻，糯甜可口。

图 5-16 蓬粿

传说：清明时节做蓬粿，有春种遍地绿玉之意，以此祈求秋后五谷丰登，百姓生活像蓬粿般香甜。

5. 五谷农庄乌饭

推荐单位：八都镇。

做法：上山采乌饭槎（俗称乌饭芦），用其叶汁浸糯米，成黑色，蒸熟，拌入红糖、香菇末、腊肉、墨鱼干丝等，用油炒成（见图5-17）。

口味：饱满的饭粒，带着紫黑色的光泽，香酥可口，甜而不腻。

传说：有一种版本是畲族祖先被困山上，采芦叶充饥。后人为纪念祖先，

图5-17 乌米饭

每月初八制食乌饭。另一种版本是古代一义士身陷囹圄，家中送去的食品常被狱卒扣食，其妻遂将饭用芦叶染黑，顺利送达。

图5-18 山粉粿

6. 山粉粿

推荐单位：鸿雁宾馆。

做法：取山粉（蕨根捣碎后冲洗沉淀而成）若干，加适量水，然后加入揉碎的熟毛芋、豆腐、猪肉末、虾仁、酱、盐、味精、胡椒粉等佐料，和成团，用蒸笼蒸熟即成（见图5-18）。

口味：可汤食，也可炒食，油而不腻，口味颇佳。

传说：旧时山里人以挖蕨根洗山粉充饥，后发展成美味的山粉粿。

7. 张太源灰碱粽

图5-19　灰碱粽

推荐单位：石达石乡。

做法：用特制的灰碱泡山泉水拌在糯米中包成粽子，入锅中煮"瓷"（见图5-19）。

口味：颜色黄亮，晶莹剔透，细腻滑爽，清香四溢。

传说：爱国诗人、楚国大夫屈原面临亡国之痛，悲愤地怀抱大石沉于汨罗江。为了不让鱼虾损伤他的躯体，人们用箬叶包米做成粽子投入江中。粽子由此而来。

## 庆元

1. 麻糍

往昔，庆元菇民每年冬季去异乡砍树制菇，路上往往要步行半个月或几十天，受尽了挨饿受冻的苦楚。为免途中炊灶之难，菇民在出门前选用上等糯米洗净浸透，然后放入舂臼用舂槌捣成黏稠的团状，俗称"麻糍"（见图5-20）。麻滋阴干后蒸、煎、火烤、砂炒皆宜，便于菇民路途食用。庆元农家秋收后几乎家家户户都要做麻糍，称之为"洗桶"（过去脱粒用的谷桶）。意思是说，秋收时节庄稼人遍身粘着谷壳芒屑，使人皮肤发痒，甚至难免将谷壳芒屑吸入肚里以致发病，通过吃麻糍，就能将这些谷壳芒屑粘走排净。刚出臼的麻糍可用豆粉、芝麻蘸着吃，其味香甜、柔韧，深受人们喜爱。

图 5-20　麻糍

图 5-21　社粿

2. 社粿

每逢"春社"，庆元有"烙社粿"（见图 5-21）的习俗，每年春天，田塍及潮湿的坡地上，有一种开黄花的草本植物，俗称"社曲"（学名"鼠曲草"）。春社时令，社曲嫩芽初长，妇女们三五成群，上山采摘，然后放在舂臼中舂成富有黏性的酱状，与糯米浆掺和烙成薄饼，称为"社粿"，其色翠绿诱人、味清香可口，还具有止咳、理气、燥湿等药用功效。

3. 清明粿

庆元的"清明粿"（见图 5-22）别具一格，其主料是粳米，辅料则是以炊熟的香菜干为主，配之肉丝、香菇丁、

图 5-22　清明粿

嫩笋碎，等等。制作方法是将佐料入锅，加入油盐红酒之类香料，烹烧熟后，倒入粳米饭中捣拌均匀，再用木槌轻轻杵之，杵软后捏成鹅蛋形状的饭团，即为"清明粿"。

4.烧梅

图5-23 庆元烧梅

在庆元农村，宴席上有一种点心必不可少，那就是"烧梅"（见图5-23）。庆元的烧梅不同于其他地方，是用番薯粉和以猪油、白糖做成的。先将番薯粉炒熟盛锅，撒上白糖，再加入纯猪油和匀，再用力捏成小圆团，装盘蒸熟即食。烧梅的形状像梅子，这也是名称的由来。烧梅蒸熟后表面形成一层透明薄膜，光溜圆滑，里面则又酥又软，香甜可口。

## 二、行——出行的替步

### 1.浙江省内到龙泉自驾车线路

上海、苏南方向：由沪杭高速、经杭州转杭金衢高速、在丽水转龙丽高速于龙泉。或由沪杭高速、经杭州转杭新景高速再经龙丽高速于龙泉高速下。

宁波方向：由甬金高速、经金华转杭金衢高速、在丽水转龙丽高速于龙泉高速口下。

温州方向：由金丽温高速、经丽水转龙丽高速于龙泉高速口下。

台州方向：由甬台温高速、经温州转金丽温高速、至丽水转龙丽高速于龙泉高速口下。

2. 市内景点线路

**浙江丽水市龙泉市凤阳山**

公交：丽水市西站—龙泉市车站—龙泉山景区。

自驾：上海市区沪杭高速—杭州绕城（往金华方向）—杭金衢高速（张家畈枢纽）—金丽温高速（丽水方向）—缙云仙都—丽水出口—龙泉市—龙泉山景区。

**龙泉青瓷窑址**

上海—沪杭高速—杭州绕城（金华方向）—杭金衢高速（张家畈枢纽）—金丽温高速（丽水方向）—丽龙高速—龙泉—小梅镇的中巴，在大窑路口下，车程1小时。从路口行至约2000米处到窑址。

**披云青瓷文化园**

自驾：进市区往福建浦城方向走丽浦线，经过八都镇5公里，到达披云青瓷文化园。

非自驾：龙泉汽车西站坐中巴到上垟镇，在披云青瓷文化园下车即可。

## 庆元

1. 丽水百山祖自驾车路线

百山祖景区地址：浙江丽水庆元百山祖乡车根村林学路 66 号。

丽水到庆元约 3 小时车程，一天七到八班车，约从早上 6 点到晚上 6 点，其中有依维柯，可快半个到一个小时。

2. 巾子峰森林公园交通

巾子峰到火车站 180 公里 3.5 小时；到温州机场 305 公里 5 小时；到庆元县中心 18 公里 30 分钟。

杭州：杭金衢高速公路至金华，转金丽温高速至丽水，进入高速公路到龙泉二级公路，到庆元会溪转至巾子峰。

温州：金丽温高速至丽水进入高速公路，到龙泉二级公路到庆元会溪转至巾子峰。

福州：福南高速公路至南平进入二级公路，至政和二级公路到庆元会溪转至巾子峰。

景宁县：县三级路到交溪口，到左溪镇，到庆元会溪转至巾子峰。

福建省寿宁：四级公路经岭头到庆元会溪转至巾子峰。

## 三、游——心灵的港湾

### 1. 龙泉山景区

宋城龙泉山旅游度假区（见图 5-24）位于浙江省丽水市龙泉市凤阳山国家级自然保护区境内，4A 级景区，其主峰黄茅尖为江浙第一高峰，海拔 1929 米，年平均气温 12℃，与云贵高原相似，形成了高原湖泊、高山草甸、云海雾凇等众多高原特有的自然奇观，茂密的植物

图 5-24　龙泉山旅游度假区

和森林，形成了纯天然的氧吧。目前已开放龙泉大峡谷、绿野山庄、绝壁奇松、七星潭、黄茅尖、瓯江源等六大景区。

龙泉山动植物资源丰富，被誉为"亚热带动植物宝库"。且华南虎保护区和有关人熊、野人的传说，使龙泉山平添了神秘的色彩；那奇松异石、深潭飞瀑、云顶佛光和上千米高自然天成的龙泉山大佛等无数景观无不给人以震撼；孕育了龙泉山和瓯江源的天根地窟，更让人感受到了自然界的诡秘和神奇。

龙泉山素有"难得净土""清凉世界"和"天然氧吧"之称，夏季最高气温仅 28℃，是不可多得的避暑胜地。

## 2. 中国青瓷小镇

图 5-25 中国青瓷小镇

中国青瓷小镇（见图5-25）上垟是现代龙泉青瓷发祥地。2009年，披云公司购得国营龙泉瓷厂青瓷研究所旧址，以此为基础，历时5年，投入巨资打造而成的国家4A级旅游景区，这也是国内唯一的青瓷文化主题旅游景区。文化园核心面积400余亩，辐射周边3.2平方公里。披云青瓷文化园依托国营龙泉瓷厂文化沉淀，全面展示近现代龙泉青瓷发展轨迹，结合青瓷研发、生产、文化交流凝结成为龙泉青瓷文化的一个缩影。景区根据功能分为游览区、体验区、休闲区。游览区以"青瓷寻踪"大剧场为核心，通过"瓷之国、瓷之史、瓷之旅、经典影院、百年龙泉"五个篇章，反映龙泉千年青瓷文化历史，同时结合龙泉地域文化、风土人情、历史人物事件等讲述了一部龙泉的发展史。体验区包括手工作坊、创意基地、龙泉青瓷传统技艺传承中心、鉴真青瓷研究院等。体验区是青瓷研发、制作中心。休闲区包括国际交流中心、购物街、国际陶艺村等。休闲区为游客提供餐饮、娱乐、住宿、品茗等服务。

## 3. 龙泉白云岩景区

龙泉白云岩景区位于浙江省丽水龙泉市西北郊的下樟村，以区内森林、飞瀑、峡谷、绝壁、田园风光、千年古居等景观为特色，"龙泉论剑白云岩、桃花飞瀑古樟村"（见图5-26）。落差高达百余米的白云瀑一泻千里、千姿百态、叹为观止。景区由龙泉问剑、剑川侠缘、七星濯井、桃花探园、绿谷野营、白云飞瀑、田野牧歌、云坞古村八个风景区组成。徜徉在白云岩的青山绿水之间，展现在面前的既有风光旖旎的山水图景，又有色彩斑斓的历史画卷，春看溪水如蓝，夏观浮云舒展，秋赏层林尽染，冬品渔翁钓雪。

图5-26　龙泉白云岩景区

景区通过龙泉璀璨的宝剑文化与森林、瀑布景观相结合，以龙文化和中华剑侠文化为主，充分展现了山水中的文化艺术景区，是一处集观光旅游、休闲度假于一体的高品质生态旅游度假区。

### 1. 百山祖景区

图5-27　百山祖景区

百山祖景区位于"中国生态环境第一县"庆元县百山祖镇境内，为国家4A级旅游景区、国家级自然保护区、全国摄影创作基地、亚洲金旅奖·最佳生态休闲旅游景区、中国最佳生态文化休闲旅游目的地、浙江省生态旅游示范区（见图5-27）。百山祖最高峰海拔1856.7米，属武夷山系洞宫山脉，为浙江省第二高峰，被誉为"百山之祖"，并且是瓯江、闽江、赛江的发源地，素称"三江之源"。

景区距庆元县城22公里，总面积570.9公顷，区内自然资源丰富，有丰富的旅游资源，以"名山、名树、名兽、名峡、名水、名人、名地"七名著称。"名山"——江浙第二高峰百山祖，海拔1856.7米，"名树"——全球最濒危的十二种植物之一的百山祖冷杉，"名兽"——全球最濒危的十大物种之一的华南虎，"名峡"——丽水"十大峡谷"之一的百瀑沟，"名水"——瓯江、闽江、赛江"三江之源"，"名人"——香菇鼻祖吴三公，"名地"——红色文化旅游地斋郎。

百山祖景区是庆元县首个按照国家4A级景区标准打造的集"山、水、林、潭"于一体，以低碳旅游为主题的景区。景区内有百山祖冷杉、低碳体验区、神秘百瀑沟、古道杜鹃谷等主要景点。"养心山水间，情醉百山祖"，百山祖景区是理想的避暑天堂，养生乐土，休闲胜地。

### 2. 大济进士村

大济省级历史文化保护区位于庆元县城东南二公里，这个历史上不足300人的小村，自宋仁宗天圣二年（1024年）至宝佑四年（1256年）的230多年间，陆续出现进士及非进士出身涉足仕途者100余人，故有"进士村"美誉（见图5-28）。大济吴氏宗族因此逐渐成为历史上的名门望族，有着显赫的家族背景。北宋进士吴桓的长女吴彦钦是当朝宰相李纲的母亲，其长子吴彦申是李纲的舅舅，舅甥二人于政和二年（1112年）同登进士；南宋名相文天祥是大济

图 5-28 大济进士村

吴氏后裔吴渊的外甥和学生。故此，李纲为吴彦申作墓志铭，文天祥为吴氏族谱作序。

崇文尚礼、尊儒重教的氛围也吸引许多名士流连驻足。南宋时，著名理学家朱熹曾游学于此；明朝时，心学大师王阳明先生曾到大济讲学，有"居天下之广居，立天下之正位，行天下之大道。得志与民游之，不得志独行其道"的遗墨；清康熙年间名儒陆珑琪慕名来大济游学三年，在吴氏大理中宅壁上手书父子、兄弟、夫妇、朋友四箴；民国时期，孔子南宗第七十四代奉祀官孔繁豪恭护孔子夫妇圣像，曾避隐于大济四年，死后葬在大济仙宫山。大济鼎盛以来，历史的长河又向前奔流了数百年，虽说"风流总被雨打风吹去"，但淡烟蓑草湮没不了昔日的辉煌，双门桥、进士府第、迎旨门街、接官亭等，似乎还向人们炫耀着往日的尊荣和威严；扁鹊庙、古地道、烈妇牌坊等名胜古迹，留下了无尽的猜测和遐想。

### 3. 巾子峰森林公园

巾子峰森林公园距庆元县城17公里，总面积5751.8公顷。该公园位于福建武夷山——浙江雁荡山两大跨省域国家级风景名胜区中间核心地带，拥有可观两省三县的海拔1561米的巾子峰、有丽水十大峡谷之一的"千岗峡"、有"濛洲八景"之一的"巾子祥云"，还有省内罕见的万亩天然次生阔叶林带，旅游资源丰富，自然生态条件优越，是浙江省少有的未被开发的旅游处女地。公园内森林覆盖率高达98%（见图5-29）。

**图5-29　巾子峰森林公园**

有木本植物计69科156属264种，其中属于国家一级珍稀濒危植物有钟萼木、南方红豆杉等。茂密的丛林和复杂的地势条件，形成了多样的生态环境，吸引了众多野生动物在此栖息，公园内主要鸟兽类动物计17目27科37种，其中国家一级保护动物有白颈长尾雉、黄腹角雉、云豹、黑麂等。

公园资源特色明显，园内繁茂葱郁的森林植被，美不胜收的溪谷瀑潭，诡异俊伟的奇峰绝壁，形成一幅幅意趣横生的优美画卷，具有"幽、秀、雄、奇、古"的特色。巾子峰景区古树参天，林海苍茫，山峰连绵起伏，峰崖沟壑气势磅礴，姊妹双峰形如两支齐天利戟，高插云霄，巍然屹立。龙源潭景区沟谷众多，溪涧交错，山涧溪流终年不断，跌泻成趣，步移景异，引人入胜。山岱溪北段地势险峻，十一级瀑布，落差不同，如虬龙翻滚，似彩虹直泻，姿态各异，奇丽异常。此外，绝壁、深潭错落其中，更添奇趣。

巾子峰森林公园是集生态观光、避暑休闲、度假养生、科普教育于一体的郊岳型休闲旅游胜地。随着"丽龙庆"高速公路开通，其区位优势更加凸显，巾子峰森林公园必将成为浙西南闽西北旅游线上的一颗绿色明珠。

4. 庆元香菇博物馆

图5-30 庆元香菇博物馆

中国庆元香菇博物馆成立于1997年，是全国最早创建的香菇专题博物馆。为深入挖掘、弘扬香菇文化，2010年庆元县委县政府将香菇博物馆迁建新址，并于12月11日第八届中国庆元香菇文化节期间正式开馆（见图5-30）。新馆坐落于县城生态公园内，总建筑面积

2380平方米，是一家以展示香菇历史文化和产业发展为主题的专业性和综合性相结合的博物馆，馆藏内容丰富，陈列形式新颖，集收藏、展陈、宣传、科普、教育以及研究于一体，共设香菇之源、香菇之路、香菇之韵、香菇之问、香菇之歌五个单元和一个临时展厅。通过珍贵的历史文物、菇山生产场景复原及多媒体互动、幻影成像等高科技手段，全方位、多角度展示了香菇文化的源远流长，香菇产业的绚丽辉煌，成为国内菌类博物馆中的一朵奇葩。

5. 如龙桥

如龙桥位于庆元县举水乡月山村，横跨于举溪，南北走向，明天启五年（1625年）修建，全长28.2米，净跨19.5米，矢高6.8米，面阔6米，是全国迄今有确切纪年、寿命最长的木拱桥（见图5-31）。

图5-31 如龙桥

如龙桥造型美观、结构复杂、工艺精湛、功能完备，具有一定的代表性和较高的历史、艺术、科学价值。1997年公布为省级文物保护单位，1998年修缮，2001年公布为第五批全国重点文物保护单位。

如龙桥桥内数十根粗大贺木纵横组合铆接而成，形成架设廊屋的拱骨平面。廊屋里楼、桥、亭三者合一，如意斗拱层层叠加，像一朵朵盛开的莲花，造型巧夺天工，全国独一无二。这如意斗拱除了美观之外，能将廊屋顶部重力科学分解，平衡重力，使廊屋更坚固。神龛上方悬挂"如龙桥"三字古匾，三个大字苍劲有力，活像巨龙腾空，相传为里人吴之球八岁时所书。

### 6.庆元百山祖避暑乐氧小镇

图 5-32 百山祖避暑乐氧小镇

简介:庆元百山祖避暑乐氧小镇,北至百山祖半坑自然村,南至松源溪,西至周墩桥头东侧,东至黄皮湿地,规划区面积约 2.74 平方公里,核心区面积约 1 平方公里,五年计划投资 57.08 亿元,2015 年已完成投资 0.73 亿元(见图 5-32)。该小镇将以城东休闲度假区块为中心,以"避暑纳凉旅游胜地、健康五养产业高地、高山湿地生态基地"为定位,描绘"一核两区"城景共融新蓝图,遵循"一年升级、三年成型、五年圆梦"导向,建成 3A 级景区,致力于打造健康产业类的"品质富裕避暑乐氧小镇"。

## 四、购——别样的淘宝

### 1.龙泉青瓷

龙泉青瓷(见图 5-33)始于三国,盛于宋元,以"清澈如秋空、宁静似深海"的哥、弟窑瓷器享誉海内外,其中

图 5-33 龙泉青瓷

"哥窑"与著名的官、汝、定、钧并称为宋代五大名窑。龙泉青瓷历代行销全国各地及供宫廷御用,并从宋代开始远销亚、非、欧等地,故有"海上丝绸之路从龙泉开始"之说。2006年龙泉宝剑锻制技艺、龙泉青瓷烧制技艺双双成为首批国家级非物质文化遗产代表作;2009年龙泉青瓷传统烧制技艺入选"人类非物质文化遗产代表作名录",成为迄今为止全球唯一入选"人类非遗"的陶瓷类项目。

## 2. 龙泉宝剑

龙泉宝剑(见图5-34)始制于春秋晚期,至今已有2500年历史。相传春秋末期,铸剑大师欧冶子奉楚王之命,于龙泉秦溪山麓铸成"龙渊""泰阿"和"工布"三把名剑,开创了中国冷兵器之先河。龙泉原名龙渊,因剑而得名,

**图 5-34　龙泉宝剑**

唐时讳"渊",改名龙泉。龙泉亦成为宝剑之代名,从此龙泉宝剑名扬天下。后人为纪念龙泉宝剑鼻祖欧冶子而建的"剑池亭"和"欧冶子将军庙",已成为令人景仰的名胜古迹。2006年龙泉宝剑锻制技艺被国务院公布为首批国家级非物质文化遗产代表作名录。

1. 庆元香菇

图 5-35　庆云香菇

庆元香菇原是野生的，大约在元代开始人工栽培，种菇技术代代相传，出产的香菇鲜艳富有光泽，菌褶密厚，菌柄粗短柔软，菇体均匀干燥（见图 5-35）。

相传，中国人工栽培香菇的祖师爷是"吴三公"。他是庆元县龙岩村一位穷苦山民，被财主欺压而流落在深山老林中，以打野猪，挖食菌类过活。他发现用刀砍过的树段刀口上，香菇长得特别旺盛，就每年冬春伐木砍花，等菇生长，这就是流传数百年的老法种菇——《砍花术》的雏形。历史上香菇人工栽培是庆元县农民专营的一项森林副业。相传明朝年间，因久旱无雨，皇帝朱元璋为祈雨需素食，数日后已食而无味，国师刘伯温献上香菇，朱元璋食后顿觉神怡，赞不绝口，下旨把香菇定为岁岁需上献皇家的"贡品"，并敕定香菇为刘伯温国师家乡处州府龙泉、庆元、景宁三县生产的专利产品，其他地域一律不允许种制香菇。庆元民间自此就把香菇视为"皇上圣品""菜中之王"。对此，民间有"国师献山珍，香菇成圣品，皇帝开金口，谕封龙庆景"之说。

香菇是高蛋白、低脂肪的营养食品，是"山中珍品"。据日本中央卫生部食品研究所分析测定，每 100 克干香菇中含有蛋白质 13 克；脂肪只有 1.7 克，比猪肉低 16 倍；钙 61 毫克；磷 343 毫克；铁 8.6 毫克。香菇中各种维生素的含量也相当丰富，比向以含维生素而著称的西红柿、胡萝卜和菠菜还要多。它还含有一般蔬菜所缺乏的麦角甾醇，这种物质可以增强人体抵抗疾病的能力。

2. 庆元笋干

庆元笋干有明笋干、乌笋干、笋丝、笋片之分，以明笋干最为著名（见图5-36）。明笋的生产，历史悠久。相传古时候，一年春天，大风刮倒了一棵枫树，把鲜笋压在石崖之间。到了六月，一位农夫砍柴，发现压在树底下的笋干扁扁的，拿回家，用水发开滋味味美。这个

图5-36 庆云笋干

农夫想，如果把竹笋都压成扁扁的，那么就便于储运、存放。于是做了笋榨，把鲜笋压成扁扁的。人们看到他的办法好，都学着做，一直沿袭至今。庆元做的明笋色泽蜡黄，形若鳊鱼，敲去"当当"有声，便于包装运输，且干度足够，耐贮藏。笋农把制好的明笋按质分为："凤尾""羊角""黄牛""副尖"，以"凤尾"最佳。乌笋干的生产则比明笋干的制作容易，将鲜笋箨后放在碱水（草木灰）里烹煮后，晒干用烟熏为最佳。其他笋干制作是取鲜笋，去箨，煮熟后，或撕成丝，或切片，晒干烘干便成。人们在逢年过节时，总要弄点笋干，做成各种佳肴，以饱口福，特别是油腻的菜吃多了，更是特意吃点笋干，以防积食。